信託法をひもとく

佐久間　毅 著
Takeshi Sakuma

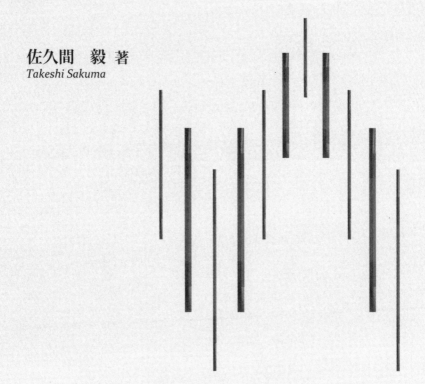

商事法務

はしがき

　本書は、2017年に雑誌『NBL』に連載した論文に加筆、修正をし、配置を整えて一書にまとめたものである。

　同誌での連載開始にあたって、狙いを次のように記した。「信託法の制度や規定に関して私がよくわからないと思うことを取り上げて、何が問題であり、どう考えるかを述べるつもりです。信託法の全体像や基本をわかりやすく整理して示そうとするものではありません……。素朴な疑問・違和感を抱いているだけのものも多く、『いったいどんな連載になるんだろう？』というのが正直なところですが、皆さんにこの問題を自分も考えてみようと思ってもらえることが多い連載になればと願っています。」

　連載を終え、それを一書にまとめるという過程を経たことから、本書で取り上げた項目については、疑問や違和感を抱いているだけに留まっているものはない。私には何が問題であると思われるかを示し、その問題について私はどう考えるかを示している。それでも、本書を刊行するにあたってもなお、「皆さんにこの問題を自分も考えてみようと思ってもらえること」を変わらず願っている。旧信託法の下で長い間にわたり、信託は、信託銀行が受託者となり、受託する事務（信託の内容）を相当限定して、法的紛争がそもそも生じないように慎重を期して設定されることが通常であった。そのため、信託法の規定の適用や解釈が裁判で争われることは、非常に少なかったといってよい。これに対し、現行信託法の施行後は、受託者となる者、設定される信託の内容とも、かなり多様化してきている。そして、現実に設定されている信託は、その設定に専門家が適切に関与して法的紛争を生じないよう慎重に内容が定められ、信頼に値すると考えられる者が受託者となっているものばかりではないように見受けられる。とりわけ、

はしがき

　「家族信託」と呼ばれる信託のなかには、信託の効力や受託者の事務処理をめぐって法的紛争が生ずることを案じさせるものがあるようにみえる。本書では、私法のなかで信託法に特徴的な規律を理論的に整序することを通して信託の本質を浮き彫りにすることに力点を置くとともに、上記の危惧が不幸にも現実化する場合も意識して、信託法の規定や考え方を検討している。この危惧が杞憂に終わればよいが、そうでないときのために、「皆さんにこの問題を自分も考えてみようと思ってもらえること」を願う次第である。

　本書は、㈱商事法務書籍出版部の岩佐智樹氏から信託法に関する企画の話をいただいて同氏と種々の意見交換をしたことに端を発し、雑誌連載中に同社NBL編集部の奥田博章氏にひとかたならぬお世話になり、書籍化にあたって同社書籍出版部の木村太紀氏にご尽力いただいたことによって、生ったものである。私が関心をもったことだけを取り上げて自由に述べるという容易には得がたい機会を与えてくださり、その実現のために多大の助力をいただいたことに、心よりお礼を申し上げる。

　　平成30年12月

　　　　　　　　　　　　　　　　　　　　　　　佐久間　毅

目　次

第1章　信託の目的 ────────────────────── 1

Ⅰ　序　論 ……………………………………………………… 2

Ⅱ　信託の成立と信託の目的──金銭の預託の場合 ………… 5

1　はじめに ……………………………………………… 5
2　請負報酬の前払金を原資とする請負人名義の預金 ……… 8
　(1)　事　例　8
　(2)　判　例　9
　(3)　信託契約の成否　9
3　委任費用の前払金を原資とする受任弁護士名義の預金 …… 13
4　その他若干の事例 ……………………………………… 16
　(1)　マンション管理費等の支払金を原資とする管理業者名義の預金　16
　(2)　損害保険料を原資とする保険代理店名義の預金　18
　(3)　共同旅行費用の積立金を原資とする預金　20

Ⅲ　「信託の目的」……………………………………………… 23

1　はじめに ……………………………………………… 23
2　信託の成立と「信託の目的」…………………………… 25
　(1)　信託の成立要件としての「信託の目的」の定め　25
　(2)　信託財産からの利益を受託者に得させないための定め　26
　(3)　受益者の定めのある信託の場合　26
　(4)　受益者の定めのない信託の場合　28
　(5)　信託財産の管理または運用の基準の定め　29
3　受託者の事務処理と「信託の目的」……………………… 30
　(1)　「信託の目的」が受託者の事務処理について意味をもつ場合　30
　(2)　受託者の事務処理について「信託の目的」がもつ意味　30
　(3)　「信託の目的」の解釈　32

目 次

4 信託の変更等と「信託の目的」 …………………………………… 33
  (1) 信託の変更等について「信託の目的」がもつ意味　33
  (2) 裁判による信託の変更の可否と「信託の目的」　34
  (3) 受益権取得請求の根拠としての「信託の目的」の変更　35
5 信託の終了と「信託の目的」 ……………………………………… 37
  (1) 信託の終了について「信託の目的」がもつ意味　37
  (2) 信託の目的の達成または達成不能の意義　37

第2章　受託者 ───────────────────────── 41

Ⅰ　序　論 …………………………………………………………………… 42
Ⅱ　受託者の行為による信託財産の「変動」 ………………………… 45
1 はじめに ………………………………………………………………… 45
2 受託者の行為による信託財産の変動（総論）………………………… 46
3 受託者による所有物の売却（所有物の処分）………………………… 47
  (1) 信託財産への効果の帰属　48
  (2) 信託財産に効果が帰属した契約の取消し　48
4 受託者による金銭の借入れ（債務の負担）…………………………… 51
  (1) 信託財産への効果の帰属　51
  (2) 「信託財産のためにする意思」がもつ意味　53
  (3) 相手方が信託財産のためにする意思の存在を誤信した場合　53
5 Tによる物の購入（有償の財産取得）………………………………… 57
6 信託財産に属する財産の保存または改良 …………………………… 60
Ⅲ　受託者の「権限の濫用」 ……………………………………………… 61
1 はじめに ………………………………………………………………… 61
2 受託者の権限の有無 …………………………………………………… 63
  (1) 信託財産に属する財産の管理または処分の場合　63
  (2) 「信託の目的の達成のために必要な行為」　64
3 受託者の「権限の濫用」 ……………………………………………… 68
  (1) 問題の所在　68
  (2) 代理人の「権限の濫用」となる場合　69

(3)　受託者の「権限の濫用」となる場合　70
　4　受託者の「権限の濫用」行為の効力 …………………………… 72
　　　(1)　代理権濫用行為の効力　72
　　　(2)　受託者の「権限の濫用」行為の効力　74
　　　(3)　権限濫用行為の相手方の主観的態様　77
　5　おわりに ……………………………………………………………… 81

Ⅳ　受託者による信託事務処理の委託 ……………………………… 84
　1　はじめに ……………………………………………………………… 84
　2　信託法28条の定め ………………………………………………… 85
　3　受託者による信託事務処理の第三者委託が許される場合 ……… 87
　　　(1)　信託法28条に関する一般的理解に対する疑問　87
　　　(2)　代理人および法人理事との比較　89
　　　(3)　受託者が信託事務処理を第三者に委託することができる場合　97
　　　(4)　補論――改正民法644条の2第1項の解釈　99
　4　受託者による信託事務処理の第三者委託の効果 ……………… 100
　　　(1)　問題の所在　100
　　　(2)　権限内の事実行為の許される委託　102
　　　(3)　権限内の法律行為の許される委託　103
　　　(4)　権限内の事実行為の許されない委託　105
　　　(5)　権限内の法律行為の許されない委託　110
　　　(6)　権限外の行為の委託　115
　5　おわりに ……………………………………………………………… 116

Ⅴ　受託者の公平義務 ……………………………………………………… 117
　1　はじめに ……………………………………………………………… 117
　2　公平義務に関する信託法の規定 ………………………………… 118
　3　公平義務が問題となる例 ………………………………………… 119
　4　「公平」の判断 ……………………………………………………… 123
　　　(1)　判断の一般的なあり方　123
　　　(2)　信託の目的および信託行為の定めの解釈　124
　5　「公平」の実現の方法 ……………………………………………… 127

目　次

　　　　(1)　問題の所在　127
　　　　(2)　アメリカまたはイギリスにおいてみられる方法　128
　　6　公平義務違反の場合の処理 …………………………………………… 130
　　　　(1)　問題の所在　130
　　　　(2)　過去の支払不足分の処理　131
　　　　(3)　過去の支払過剰分の処理　132
　　7　おわりに …………………………………………………………………… 134

第3章　受益者 ─────────────────── 135

Ⅰ　序　論 ……………………………………………………………………… 136

Ⅱ　受益者の権利の取得と譲渡 ……………………………………………… 138

　1　はじめに …………………………………………………………………… 138
　2　受益者による受益権の取得 ……………………………………………… 139
　　　(1)　当然取得の原則　139
　　　(2)　受益者の指定または変更　140
　3　受益権の放棄 ……………………………………………………………… 143
　　　(1)　信託法上の放棄（遡及的放棄）　143
　　　(2)　非遡及的放棄　147
　4　受益権の譲渡 ……………………………………………………………… 148
　　　(1)　信託法の規定の概要　148
　　　(2)　受益権の譲渡の制限　149
　5　受益権を構成する権利の譲渡 …………………………………………… 153
　　　(1)　受益債権のみの譲渡　153
　　　(2)　その他の権利のみの譲渡　155

Ⅲ　受益者の権利の期間制限 ………………………………………………… 156

　1　はじめに …………………………………………………………………… 156
　2　受託者の権限違反行為にかかる受益者の取消権の期間制限 ………… 157
　　　(1)　信託法の規定とその特徴　157
　　　(2)　信託法の規定の理由　158
　　　(3)　信託法の規定の問題性　160
　3　受託者の損失てん補等の責任にかかる債権の期間制限 ……………… 162

(1)　信託法 43 条 1 項の消滅時効期間の定め　162
　　　(2)　信託法 43 条 1 項による消滅時効期間の起算点　163
　　　(3)　信託法 43 条 4 項の除斥期間の定め　164
　　4　受益債権にかかる期間制限 ………………………………………… 165
　　　(1)　信託法 102 条 1 項の消滅時効期間の定め　165
　　　(2)　受益債権の消滅時効の援用　166
　　　(3)　二重弁済の危険からの受託者（信託財産）の保護　168
　　　(4)　除斥期間（信託法 102 条 4 項の期間）の経過による
　　　　　 受益債権の消滅　169
　　　(5)　受益債権の時効による消滅の効果　170

第 4 章　信託の限界 ─────────────────────── 173

I　序　論 …………………………………………………………………… 174
II　生前信託と遺留分減殺 ………………………………………………… 176
1　はじめに ……………………………………………………………… 176
2　委託者の死亡により終了する生前信託と遺留分減殺 …………… 178
　　　(1)　序　論　178
　　　(2)　具体的相続分の算定　179
　　　(3)　遺留分侵害の有無および額　182
　　　(4)　遺留分減殺の対象、減殺請求の相手方　186
　　　(5)　残余財産を取得すべき者の定めがある場合　187
3　委託者の死亡後も存続する生前信託と遺留分減殺 ……………… 189
　　　(1)　序　論　189
　　　(2)　委託者の相続人ではない受益者による受益の扱い　190
　　　(3)　委託者の相続人である受益者による受益の扱い　191
4　おわりに ……………………………………………………………… 193
III　受益者の定めのない信託（目的信託） ……………………………… 196
1　はじめに ……………………………………………………………… 196
2　旧信託法下の学説──目的信託に対する疑念 …………………… 197
3　現行信託法における目的信託の承認 ……………………………… 198
　　　(1)　目的信託に対する需要の存在　198

目　次

　　(2)　目的信託の理論的正当化　199
4　目的信託についての特別の規律 …………………………… 200
5　目的信託に対する制限の緩和 ……………………………… 202
　　(1)　法人（とくに財団法人）との比較論　202
　　(2)　自己信託による設定の許容　206
　　(3)　存続期間の延長　207
　　(4)　受託者資格の緩和　211

事項索引　　215

凡　例

1　法　令

信託	信託法
改正民法	民法の一部を改正する法律（平成29年法律第44号）による改正後の民法
一般法人法	一般社団法人及び一般財団法人に関する法律
公益信託法	公益信託ニ関スル法律
NPO法	特定非営利活動促進法

2　文　献

新井	新井誠『信託法〔第4版〕』（有斐閣、2014）
四宮	四宮和夫『信託法〔新版〕』（有斐閣、1989）
寺本	寺本昌広『逐条解説　新しい信託法〔補訂版〕』（商事法務、2008）
道垣内	道垣内弘人『信託法』（有斐閣、2017）
能見	能見善久『現代信託法』（有斐閣、2004）
村松ほか	村松秀樹＝富澤賢一郎＝鈴木秀昭＝三木原聡『概説　新信託法』（金融財政事情研究会、2008）

第1章　信託の目的

第 1 章　信託の目的

I　序　論

> 「受託者が純粋な財産権帰属者として行動できず、そこからの利益を得られないところに信託の本質があり、だからこそ、当該財産が、受託者に帰属する財産のうちで分離され、特別扱いされることになるのである。」[1]

　信託の本質をこのようにみる場合、信託財産からの利益はどこに行くのか、信託財産が受託者に帰属する財産のなかで特別扱いされるのはなぜかが、問題になる。これについては、信託財産からの利益は、「信託の目的」を実現するために用いられるべきものであり、信託財産は、その「信託の目的」の実現に助力すべく法によって特別扱い（「信託財産の独立性」）が認められると考えられる。

　法がその実現のために助力する信託の目的は、社会的な有益性が認められるものなど、一定のものに限られるわけではない。不法または不能なものでなければ、どのような目的であってもよい。ただ、法が特別扱いを認めてその実現に助力する以上、信託は、信託の目的が実現されるべく、信託財産からの利益がその目的を実現するために用いられ、受託者その他の者（信託の目的の実現のために利益の享受が認められる者を除く）がその利益を得られないようにする仕組みを備えた

---

1)　道垣内 18 頁。

Ⅰ　序　論

ものとなっている必要があるはずである。

　信託法によれば、信託は、委託者となる者Ｓが受託者となる者Ｔに対して信託財産となる財産の移転等の処分をする旨と、Ｔが「一定の目的」に従ってその財産の処分その他の必要な行為をすべき旨の意思表示を要素とする法律行為によって、成立する（同法3条）。もっとも、ある者が、その財産を一定の目的を定めて他人に移転することは、決して珍しいことではない。金銭については占有と所有が一致することが原則であるから、たとえば、Ａが、Ｂに何らかの仕事を依頼し、その仕事の費用にあてるという目的を定めてＢに対して金銭を交付した場合は、これにあたる。しかしながら、そのような場合に一般的に、交付された金銭を信託財産とする信託が成立し、その金銭はＢの財産のなかで特別扱いを受ける（信託財産として独立性が認められる）、ということはないであろう。使途を定めて金銭が交付されたというだけでは、その金銭が交付の目的を実現するために用いられることも、金銭を受け取ったＢがその利益を得られないとすることも、全く保障されていないからである。では、どのようなことが付け加われば、その目的の実現に助力すべく、信託の成立が（委任や請負など他の法律関係と併存することになる場合も含めて）認められるのか。本章Ⅱでは、この問題を検討する。

　信託が、信託の目的を実現するために特別の効力を認められる制度であるとすれば、信託の目的は、信託が成立した時から終了するまでの間ずっと、その信託にかかる法律関係について意味を持ち続けるはずである。もっとも、信託は、長い期間続くことも珍しくない継続的な関係である。また、委託者、受託者、受益者という信託関係の当事者のほかに、受託者の契約相手をはじめとして信託財産に属する財産に関し利害関係を有する者、信託事務にかかる指図権者、信託管理人、信託監督人、受益者代理人など、多くの者が関わることがあるものである。そのため、信託にかかる法律関係は、種類においても性質にお

第1章　信託の目的

いても、多種多様である。そうであれば、信託の目的がもつ意味も、法律関係の種類や性質の違いに応じて、さまざまである可能性がある。本章Ⅲでは、この点について、信託法の規定において「信託の目的」に法的意味が認められている場合にどのように考えるべきかを考察する。

II 信託の成立と信託の目的
——金銭の預託の場合

1 はじめに

　Aが、長期海外出張に赴くBから留守中のB宅の管理を委ねられ、その費用にと100万円を預かった。Aは、銀行に自己の名義で普通預金口座を作り、その100万円を入金した。ところが、Bが海外に発った後に、Aが破産手続開始決定を受けた。A名義の100万円の預金は、Aの破産財団に属するか。

　この例では、Aが、銀行との間で普通預金契約を締結し、預金口座を自己の名義で開設している。この場合に、Aが（準）委任（以下、単に「委任」という）の受任者であるとすれば、AがBから受け取った100万円は、委任事務を処理するための費用の前払金であることになる。委任費用の前払金は、「金銭については、占有と所有とが結合しているため、金銭の所有権は常に金銭の受領者（占有者）である受任者に帰属し、受任者は同額の金銭を委任者に支払うべき義務を負うことにな」り[2]、「その後、これを委任事務の処理の費用に充てることにより同義務を免れ、委任終了時に、精算した残金を委任者に返還すべき義務を負う」[3]。そのため、上記普通預金の原資は、Aが所

---

[2]　最二判平成15・2・21民集57巻2号95頁。
[3]　最一判平成15・6・12民集57巻6号563頁。

第1章　信託の目的

有していた金銭ということになる。さらに、預金口座の入出金を行い、その口座を管理するのもAであったと考えられる。したがって、判例に従えば、上記預金は、Aの預金であるとされ[4]、特段の事情がなければAの破産財団に属する。

　もっとも、AとBとの間でされた契約が信託契約である場合[5]は、別となる。

　これに関し、信託法3条1項は、財産が目的を定めて移転されるならば信託契約の成立を認めるようにも読める。かりにそのとおりであるならば、頼み事の費用にあてることなど使途を定めて金銭が交付されたときは、一般に、契約による信託が成立することになる。しかしながら、これには違和感がある。では、この場合に、信託が成立しないのはなぜか。信託は、どのような場合に成立するのか。

　信託の特徴は、委託者が定めた目的（信託の目的）の達成のために、受託者が財産を保有し、事務を行うことにある。信託の目的は、具体的にはさまざまであるが、受益者のある信託では、一般的には、受益者に何らかの経済的な利益を得させることにあるということができる。そうであれば、受益者のある信託の特徴は、受益者に経済的な利益を得させるために受託者が財産を保有し、事務を行うことにある。そこで、受託者は、受託者として保有する財産（信託財産に属する財産）の管理処分について、自分自身の財産（固有財産）と同様に自由にすることはできず、信託の目的による制約を受ける（信託26条参照）。また、受託者個人に対する債権者は、その債権と信託財産に対する債務とを相殺することができず（信託22条1項）、信託財産に属する財産に対し強制執行をすることができない（信託23条1項）。さらに、

---

[4] 最二判平成15・2・21前掲注2)、最一判平成15・6・12前掲注3)。

[5] AとBとの間でされた契約全体が信託契約である場合のほか、Bの海外赴任中の諸事務を処理することを目的とする委任契約とその委任の費用の前払金の管理を目的とする信託契約が合わせて締結されている場合もありうる。

Ⅱ　信託の成立と信託の目的——金銭の預託の場合

信託財産に属する財産は、受託者の破産財団に属しないこととされる（信託25条1項）。信託財産に属する財産がこういった扱いを受けること（信託財産の独立性）は、信託の不可欠の効果である。

　信託の効果は、信託の成立により生ずる。信託の方法には、信託契約、信託遺言、自己信託（自己信託証書の作成）の三つがある（信託3条）。このうち信託遺言と自己信託においては、信託の成立に、書面または電磁的記録の作成が必要である。それに対し、信託契約は、無方式の諾成契約であり、両当事者（委託者となる者と受託者となる者）の合意のみによって成立する。

　時価1万円程度の物につき、BがAに1万円で「買う」といい、Aが「では売ろう」と応じれば、売買契約が成立する。Bが1万円で「貰う」といい、Aが「ではあげよう」と応じたときも、売買契約が成立する。売買契約は、無方式の諾成契約であるため、法の定める成立要件を充たす内容の合意がされたならば、その際に用いられた表現にかかわらず、また当事者がその契約は売買にあたると認識していなくても、成立し、その効果を生ずる。同じことは、信託契約にもあてはまる。当事者間の合意が信託契約の成立要件を充たすならば、両者に信託契約をすることの認識がなくても、信託契約が成立し、その効果、たとえば一方から他方へ移転される財産が当初信託財産とされ、独立性が認められるという結果が生じうる。そうすると問題になるのが、信託契約の成立要件は何か、である。

　信託法3条1号によれば、ある者Sと別の者Tの間で、①SがTに対し財産の譲渡その他の処分をする旨の合意（以下、「財産処分の合意」という）と、②Tが一定の目的に従いその財産の管理または処分およびその他の目的を達成するために必要な行為をすべき旨の合意がされることにより、信託が成立する。では、金銭が使途、つまり管理処分の目的を定めて預けられたならば、当然に信託契約が成立するのだろうか。答えは「否」だろう。そうであるならば、どのようなとき

第1章　信託の目的

であれば信託が成立するのか。以下において、いくつかの事例を取り上げて、この問題を考える[6]。

2　請負報酬の前払金を原資とする請負人名義の預金

(1) 事　例

Aが、B（地方公共団体）から土木工事を請け負った（以下、この請負契約を「本件契約」という）。Aは、保証事業会社Cとの間で、保証事業法およびCの保証約款（以下、「本件約款」という）に基づいて、Aの債務不履行のためBが本件契約を解除したときに、Cが、Bに対し、前払金額から当該工事の出来高を控除した額をAに代わり支払うこととする保証契約（Bを受益者とする第三者のためにする契約）を締結した。

Aは、本件約款に基づき、当該工事の前払金を管理するためD銀行に自己名義の預金口座（以下、「本件預金口座」という）を開設した。本件約款によれば、(a) Aは、前払金を当該工事の必要経費以外に支出してはならず、Dに適正な使途に関する資料を提出してその確認を受けなければ、預金の払出しを受けることができない、(b) Cは、前払金の使途を監査するため、本件契約に関して調査をし、AおよびBに対して報告、説明または証明を求めることができる、(c) Cは、前払金が適正に使用されていないと認めるときは、預金の払出しの中止その他の処置をDに依頼することができるとされていた。その後、Bは、本件契約にかかる前払金（以下、「本件前払金」という）を本件預金口座に振り込んだ。

本件預金口座にかかる預金債権（以下、「本件預金債権」という）が

---

6) この問題についてはとくに、道垣内弘人「信託の設定または信託の存在認定」道垣内弘人ほか編『信託取引と民法法理』（有斐閣、2003）1頁以下、能見善久＝道垣内弘人編『信託法セミナー 1』（有斐閣、2013）53頁以下参照。

Ⅱ 信託の成立と信託の目的——金銭の預託の場合

Aに帰属するものであることについて、争いはない。その場合において、Aが破産手続開始の決定を受けたとき、本件預金債権は、Aの破産財団に属するか。本件預金債権がAに帰属するものであることからすれば、本件預金債権は、Aの破産財団に属することになる。しかしながら、本件預金債権が信託財産に属する財産とされるときは、別となる（信託25条1項）。

(2) 判　例

この事例に関し、最一判平成14・1・17民集56巻1号20頁は、次の旨を述べた。

AB間では、本件約款の定めるところを合意内容としたうえで、本件前払金が授受されている。その「合意内容に照らせば、本件前払金が本件預金口座に振り込まれた時点で、BとAとの間で、Bを委託者、Aを受託者、本件前払金を信託財産とし、これを当該工事の必要経費の支払に充てることを目的とした信託契約が成立したと解するのが相当であ」る。

この信託の「内容は本件前払金を当該工事の必要経費のみに支出することであり、受託事務の履行の結果は委託者であるBに帰属すべき出来高に反映されるのであるから、信託の受益者は委託者であるBであるというべきである。」

Bの受益債権の内容は明らかでないが、Aの債務不履行による契約解除の場合に、前払残金の返還を受けることと捉えることができると思われる。

(3) 信託契約の成否

この事例のAとBに、信託契約を締結するという認識はない。もっとも、信託法3条1号によれば、信託契約は、AB間に、①財産処分の合意と、②Aが一定の目的（信託の目的）に従いその財産の管

第 1 章　信託の目的

理処分等の行為をすべき旨の合意があるときに成立する。そうすると、AB 間にこれら二つの合意があれば、本件預金債権は、信託財産に属する財産となる（信託 16 条柱書）。信託の成否につき重要となるのは、②の合意の有無と内容である。①は、売買、消費貸借その他の財産処分の効果を生ずる契約に共通のものであり、②の充足により、当該契約は、信託契約であると性質決定されることになるからである。

　両当事者（A と B）が、自覚的に信託契約を成立させるために、①と②の合意をした場合（以下、「明示信託」という）には、A と B は、信託の効果の発生を合意しているということができる。そこには、とくに異なる定めがされない限り、信託法が定める信託の効果を生じさせることの合意が含まれる。そして、信託法は、信託の効果として、信託財産の独立性と、その独立性の承認のいわば前提となる A による信託財産の管理処分に対する規制を認めている。そうであれば、明示信託において定められる「一定の目的」、すなわち信託の目的は、受託者による財産の管理処分その他の事務処理の指針を示すものにとどまるのではない。信託法の定めとして、受託者の権限の範囲がその目的により（信託財産の管理処分についても信託行為の黙示の定めとして）画され（信託 26 条本文）、受託者がその権限の行使につき各種の義務または責任に服するほか、場合により、管理処分に関連する事柄について、関係当事者の請求に基づき裁判所が判断を下すことがある。したがって、信託の目的は、信託法が定める信託の効果を通して、信託財産についての受託者の管理処分の自由を、法的に制限する意味をもつものとなる。すなわち、信託法 3 条 1 号が定める信託契約の成立要件であるところの「特定の者が一定の目的に従い財産の管理又は処分及びその他の当該目的の達成のために必要な行為をすべき旨の」合意とは、財産処分の目的を単に定める合意（「目的設定の合意」）ではなく、受託者による当該財産の管理処分をその目的により拘束することの合意（以下、「目的拘束の合意」という）を意味する[7]（【図

Ⅱ　信託の成立と信託の目的——金銭の預託の場合

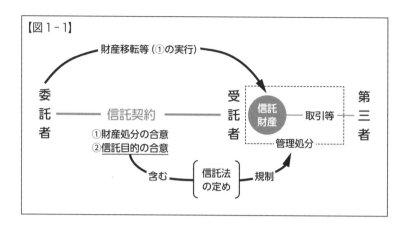

1-1])。

　これに対し、AとBが、信託の設定を意識せずに、BからAに財産を移転する契約を締結した場合には、両者がその移転の目的を定めたとしても、それをもって、Aは財産の管理処分をその目的に従ってしかすることができないことになる、ということはできない。このことは、たとえば、Bが、依頼した仕事の費用にあてさせるために金銭をAに交付した場合や、孫の将来の学資にあてるべきものとして子Aに金銭を交付した場合を考えれば、明らかであろう。A以外の者の利益をはかるために使途を定めて金銭が交付された場合、Aは、その金銭を、計算を明らかにするなどして他の金銭と別に管理し、定められた目的のためだけに使用することが望まれるだろう。それ以外の目

7）　信託法の規定には任意規定が多い。そのため、AとBが、Aは信託財産の分別管理を要しないとすることなど、Aが信託財産の自由な管理処分を事実上認められることとなる合意をすることがありうる。そのような場合には、信託の成立は認められるが、当該合意は無効とされること、または、その契約が「信託契約」と称されていたとしても、信託契約の成立要件②が充たされておらず、信託契約と認められないことがありうる。

第 1 章　信託の目的

的での使用は義務違反であるとして、Bから責任を問われることもありえよう[8]。しかしながら、Aは、それ以外の目的にその金銭を使用し、または処分すること（権限）を、法的に制限されるわけではない。この場合、Aは管理処分の自由を失わないから、その金銭をAの財産のなかで区別して扱うこと、すなわち（信託）財産の独立性を認めることはできない。

　（信託）財産の独立性を欠く信託の成立を認める意味はない。また、ここで扱っている問題の核心は、預けられた金銭に、信託財産として独立性が認められるかどうかにある。この独立性を認めるためには、財産の保有者が、その財産の管理処分を一定の目的に従ってしかすることができないという、固有財産にはない管理処分上の拘束を受けることが不可欠である。この目的拘束が、BからAに交付される金銭の管理処分につき、AB間の合意により生じたと認められるならば、AとBが信託の設定を意識していなかったとしても、信託契約の成立が認められてよいことになる（以下、この場合を「黙示信託」という）。

　以上によると、金銭が使途に関する何らかの合意を伴ってBからAに交付された場合に、信託契約の成立が認められるか否かは、その合意が目的拘束の合意にあたるのか、目的設定の合意にとどまるのかによって定まることになる。

　(1)に挙げた事例において、AとBは、信託の設定を意識していない。そのため、本件前払金を信託財産とする信託契約の成立が認められるかどうかは、Aが本件前払金の管理処分につき一定の目的による拘束を受ける旨の合意が、AB間でされたといえるかどうかによる。これに関して、AB間では、Aが、本件前払金を本件約款の定めに従って管理処分することが合意されている。この合意は、本件約款中の(a)〜

---

[8]　道垣内弘人『信託法理と私法体系』（有斐閣、1996）147頁以下参照。

Ⅱ 信託の成立と信託の目的──金銭の預託の場合

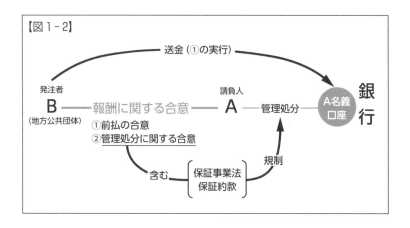
【図1-2】

(c)の条項により、本件前払金にかかるAの管理処分権を当該工事の必要経費にあてるという目的でしか認めないこととし、かつ、その目的制限を保障するための措置（以下、「実効化措置」という）を定めるものとみることができる（【図1-2】）。この実効化措置を含むことで、AB間には、単なる目的設定の合意ではなく、目的拘束の合意があると認めることができる。したがって、AB間に、信託契約の成立が認められる[9]。

3 委任費用の前払金を原資とする受任弁護士名義の預金

最一判平成15・6・12前掲注3）では、弁護士Aが受任した事務の処理費用として依頼人Bから受け取った金銭を原資とする預金を、

---

9) この場合に信託契約の成立を認めるならば、このような形で前払金を受け取る請負業者は、営利目的で信託の引受けを反復継続することになりうるため、信託業法の適用を受ける可能性がある。もっとも、この点については、信託業法施行令1条の2第2号により、信託業法の適用対象にならないものとされている。

第1章　信託の目的

国ＣがＢの滞納税徴収のため差し押さえた場合につき、ＡおよびＢの請求により、差押えが取り消された。これは、当該預金はＡの預金であることを理由とする。では、Ａの滞納税徴収のための差押えであったならばどうか。特段の事情がなければこの差押えは認められるが、ＡＢ間に、ＢからＡへの預け金を信託財産とする信託契約が成立しているならば、別となる（信託23条1項）。

　弁護士Ａと依頼人Ｂとの間で、委任費用の前払金が授受される場合、信託の設定を意識せずにされることが多かろう。その場合、2(3)に述べたことによれば、ＡＢ間に目的拘束の合意があるか否かにより、信託の成否が定まる。この点、ＡＢ間では、金銭の授受に際し、委任事務の処理のために用いること以外に具体的な合意は何もされないことが通常であろう。そうすると、通常、信託契約は成立しないことになりそうである。しかしながら、次のように考えるべきである。

　弁護士の業務上の預り金の取扱いについては、日本弁護士連合会において「預り金等の取扱いに関する規程」、各単位弁護士会において内規が制定されており、そこでは一般に、流用の禁止（たとえば、東京弁護士会「預り金等の取扱いに関する会規」2条）、自己の金員との分別管理（同4条1項）、預り金の額が一定額を超える場合の専用口座での管理（同条2項）、入出金記録の作成保管（同7条）、収支報告の義務（同8条）が定められ、また、弁護士会の照会調査権（同9条）とその照会または調査に対する弁護士の回答協力義務（同10条）、弁護士会の措置権（同11条）等が定められている。ＡＢ間で、こういった内規の定めを前提として預り金の授受がされていた場合には、目的拘束の合意があるとして、黙示信託の成立が認められてよいと解される。なぜならば、内規において、Ａによる流用が禁止され、分別管理その他の義務がＡに課されていることに加えて、弁護士会という第三者による監督体制の利用も定められていることから、この内規の定めを前提とすることにより、使途限定の実効化措置がＡＢ間の合意に

Ⅱ　信託の成立と信託の目的——金銭の預託の場合

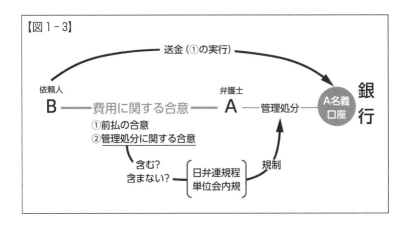

含まれると評価することができるからである（【図1-3】）。

　そうすると、問題となるのは、内規の定めがAB間で前提とされていたかどうかである。

　Aが内規の定めを前提とせずに職務に関してBから金銭を預かることは、理論的には排除されない。しかしながら、弁護士は、依頼者の権利および利益を擁護すべき職責を負っており、預り金についても依頼者の利益の確保に努めなければならないから、Aによる内規の定めを前提としなかった旨の主張は認められるべきではない。また、Bが内規の内容を知っている必要もない。依頼者は、弁護士がその職務に関する倫理と行為規範に従い（弁護士職務基本規程（日本弁護士連合会）前文）、依頼者の権利および正当な利益を実現するよう弁護士が努めること（同規程21条）を、一般的に信頼することができると解されるのであり、受任弁護士が依頼者の前払金に関する権利および正当な利益の保護を目的とする内規の定めに従うことを、信頼してよいというべきだからである。

　以上によれば、弁護士Aと依頼人Bとの間で委任費用の前払金が授受された場合には一般的に、Bを委託者兼受益者、Aを受託者、前

第1章　信託の目的

払金を当初信託財産、その前払金を委任事務のためにのみ用いて委任終了時に残金がある場合にはそれをBに確実に返還することを内容とする、信託契約の成立が認められることになる[10]。

4　その他若干の事例

以上のほかに信託の成否が従来論じられてきたものに、たとえば次のものがある[11]。

(1)　マンション管理費等の支払金を原資とする管理業者名義の預金

マンション管理業者が、その名義の預金口座に、区分所有者から管理費や修繕積立金（以下「管理費等」という）の振込みを受け、その預金の管理処分をすることがある。この口座にかかる預金について、黙示信託は成立するか。

この場合に関し、現在では、マンションの管理の適正化の推進に関する法律（以下「法」という）76条が、管理業者に、委託を受けて管理する管理費等につき、国土交通省令で定める方法による分別管理義務を課している。そして、これを受けて、同法施行規則87条が、概略、次のことを定めている。

管理費等の徴収および管理にかかる預貯金口座が、収納口座（預り金を一時的に管理するための口座）と保管口座（管理費等の残額を管理するための口座）、または収納・保管口座に分けられる。このうち、保管

---

10)　この信託について、信託業法が適用されることはない（信託業法施行令1条の2第1号参照）。

11)　これらの事例で信託の成立が認められる場合、信託業法施行令1条の2第1号に該当せず、他にも信託業の適用除外を認める規定はないとして、受託者となる者が信託業法の適用を受けることになる可能性がある。しかしながら、それが適当であるかは疑わしい。

Ⅱ　信託の成立と信託の目的——金銭の預託の場合

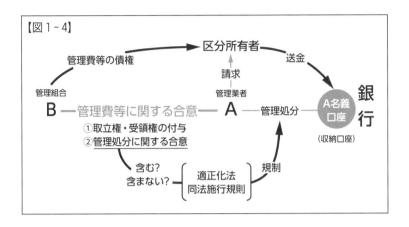

【図1-4】

　口座および収納・保管口座については、管理組合等が名義人となり、管理業者による印鑑等の保管が禁止される。収納口座については、管理業者が名義人となり、そこに区分所有者からの管理費等の送金を受けることができる（したがって、信託の成否が問題になるのは、収納口座にかかる預金についてである）。管理業者は、収納口座で管理費等を管理するときは、当月分として徴収した金銭から当月中の管理事務に要した費用を控除した残額を、翌月末日までに、保管口座に移し換えなければならない。このようにして管理する場合、管理業者は、原則として、収納口座に徴収される1月分の合計金額以上の額につき、有効な保証契約を締結しなければならない。また、管理業者は、会計の収支状況に関する書面を作成し、管理者等に交付する義務を負う。

　このように、収納口座にかかる預金については、その管理のあり方が法令上定められている。そして、管理業者Aに対し、国土交通省による一般的監督がされるほか、違反の場合には業務停止命令（法82条2号）や管理業者としての登録の取消しがあり（法83条）、Aの流用に備えた保証契約の締結が義務づけられてもいる。これらから、Aによる目的に従った管理処分の実効化措置が、備わっているとみる

第1章　信託の目的

ことができよう（【図1-4】）。そこで、Aと管理組合Bが、収納口座の預金のAによる管理処分を、上記仕組みの利用を前提として合意した場合には（それが通常であろう）、両者が信託の設定を意識していなくても、Bに支払われるべき管理費等の取立権および受領権をAが取得する旨の財産処分の合意に加えて、目的拘束の合意があるとして、黙示信託の成立が認められてよいと思われる。この場合、信託の内容は、Bを委託者兼受益者、Aを受託者、収納口座の預金を信託財産とし、その預金を管理事務等のためにのみ用い、その残金を保管口座への移換えの方法でBに確実に返還することを信託目的とする、と考えることができよう。

(2)　損害保険料を原資とする保険代理店名義の預金

　Aが、損害保険会社Bとの間で代理店契約を結び、銀行Cに開設した自己名義の口座にBの保険契約者から収受した保険料を入金し、手数料を控除した残額を、毎月末日に、Bに送金している。Aは、この事務を、上記契約中の次の定めに従って執り行っている。(a) Aは、Bを代理して保険料の収受、保険料領収証の発行等の業務を行う。(b) Aは、収受した保険料を、Bに納付するまで自己の財産と明確に区分して保管し、他に流用してはならない。(c) Aは、収受した保険料から手数料を控除した残額を、遅滞なくBに納付しなければならない。ただし、Aは、あらかじめBの承認を得て、Bが毎月一定の日をもって作成する請求書に従い保険料から手数料を控除した残額を、翌月末日までに、Bに納付する方法によることができる。

　この場合に、A名義の口座にかかる預金を信託財産とする黙示信託は成立するか。

　Aは、Bに支払われるべき保険料の取立権および受領権を代理店契約により取得しており、AB間に財産処分の合意はあると認められる。

　上記(a)～(c)の定めは、かつては保険募集の取締に関する法律とその

Ⅱ 信託の成立と信託の目的──金銭の預託の場合

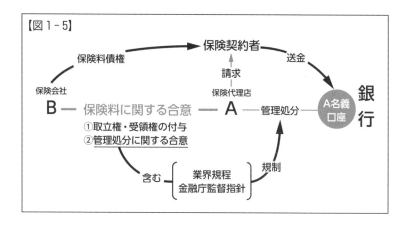
【図1-5】

施行規則に則ったものであったが、現在では、業界の自主規程に従うものにすぎない。もっとも、保険代理店が収受した保険料の取扱いは、金融庁「保険会社向けの総合的な監督指針（平成30年2月）」において保険監督上の評価項目とされている（Ⅱ-4-2-1(4)②ウ・エ)[12]。このことから、AB間において、Aが従うべき管理処分の目的が定められており、この定めは実効化措置を伴っていると評価しうる（【図1-5】）。したがって、AB間に目的拘束の合意があるとして、黙示信託の成立が認められてよいと思われる。

　この場合、信託の内容は、Bを委託者兼受益者、Aを受託者、AがBのために収受する保険料を信託財産とし、その保険料からBが取得すべき金額をBに確実に取得させることを信託の目的とする、と考えることができよう。

---

[12] 「ウ．保険代理店に対して、領収した保険料を自己の財産と明確に区分し、保険料等の収支を明らかにする書類等を備え置かせているか。」「エ．保険代理店に対して、領収した保険料等を領収後、遅滞なく、保険会社に送金するか、又は、別途専用の預貯金口座に保管し、遅くとも保険会社における保険契約の計上月の翌月までに精算するよう指導しているか。」

第1章　信託の目的

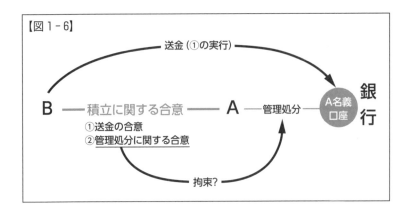

(3) 共同旅行費用の積立金を原資とする預金

友人であるA、Bほか2人（計4人）は、共同旅行の資金とする目的で金銭を積み立てることにし、Aがこのために開設した普通預金口座（以下、「本件口座」という）に、毎月一定額を送金していた。本件口座への入金はこの送金と預金利息に、本件口座からの出金は共同旅行費用の支払に、それぞれ限られていた。本件口座の通帳、届出印、カードはAが保管し、Aは、4人が集う場に同通帳を時折持参し、他の3人から入出金の確認を得ていた。4人がこのようなことを始めてから9年が経過したある時、Eが、Aに対する債権に基づいてこの預金を差し押さえた。これに対し、Aらは、本件口座の預金を信託財産とする信託の成立をもって争うことができるか（【図1-6】）。

東京地判平成24・6・15判時2166号73頁は、この場合に、AとBらは、「専らAら4名で旅行するための資金として管理し、使用することを目的としてAに金員を支払い、同人をして、本件口座を開設させ、上記目的のために同金員を同口座において管理し、または使用させる旨の、Bら各人を委託者兼受益者、Aを受託者とする信託契約（旧信託法1条）を締結したもの」と認めた。この判決が信託

Ⅱ 信託の成立と信託の目的——金銭の預託の場合

の成立を認めた根拠は、Aらの合意により共同旅行資金の管理と旅行費用の支払のためだけのものとして本件口座が開設され、本件口座が長期にわたり現にそのようなものとして管理されてきたことから、「信託財産としての分別管理の実質」が備わっていると認められることにある。

しかしながら、これについては、次の疑問がある。

AとBら各人（以下、簡略化のため、Bをもって代表させる）との間において、その合意に基づくBからAへの金銭の移転があることは明らかであるから、黙示信託の成否は、目的拘束の合意の有無次第である。

AとBの間では、もっぱら共同旅行の費用にあてるという、預け金の目的は設定されている。しかしながら、流用防止措置、流用の場合の原状回復に向けた措置などは、一切講じられていない。このため、預け金の目的が預金にかかるAの管理処分権を拘束するものとなっていたと評価することは、できないと考えられる。Aの誠実な事務処理が期待されていたにとどまり、Aが預金を流用したとしても、Aが本件口座またはBに返金すればそれで済む関係であったとみることが適当である、ということである。Aは、9年にわたり、合意に従って預金を分別管理し、処分してきた。しかしながら、それは、Aが上記の期待に応えて誠実に行為をしてきたということにすぎない。信託契約の成否は、契約締結時において判断されるべきものである。契約締結後の事情から締結時における当事者の合意の内容が推測されることはあっても、締結後の事情から契約の成否または内容が定まることはない。そのため、締結時に信託契約の成立要件が充たされていなければ、その後に分別管理がされ続けても、それは、「信託財産としての分別管理」ではない。委任等の信託以外の原因による預り金についても、分別管理義務が認められることはある。この事例でAがし続けたのは、Bとの間の合意による、しかし信託によるものではない分

第1章　信託の目的

別管理と解される。

　前記東京地裁判決は、Bが旅行を不参加として積立金の返還を求めることも当然に想定されるものの、委託者兼受益者はいつでも信託を解除することができるため（信託164条、旧信託法57条）、そのことゆえに信託としての本質に反することにはならないとしている。しかしながら、この事例のような場合には、Bの求めにより、Aは、信託の終了に相当する積立金の全額返還だけでなく、一部返金に随時応ずること、また、Bの月々の積立額を増減することが、AB間で当然に想定されているのではないか。そうであれば、Aは、Bが出し入れ自由な金銭を預かっているのであって、信託の成立を認めることはできないと思われる。

III 「信託の目的」

1 はじめに

　信託とは、特定の者（受託者）が一定の目的に従いその目的の達成のために必要な行為をすべきものをいう（信託2条1項）。ここにいう「一定の目的」は、「信託の目的」と呼ばれる。

　「信託の目的」という概念は、信託の成立から終了に至るまでのさまざまな問題について、信託法の規定において用いられ、重要な役割を果たしている。「信託の目的」という文言またはそれを意味する文言（たとえば、信託2条1項における「一定の目的」）は、信託法において、次のことについて用いられている。①信託および受託者の定義（信託2条1項・5項）、②信託の要件または無効原因（信託3条、10条、216条2項1号、232条1号）、③信託財産または信託にかかるある種の事柄の決定の方法（信託19条1項3号・3項3号、149条2項1号・2号・3項2号、150条1項、151条2項1号・2号、155条2項1号・2号、159条2項1号・2号）、④受託者の権限の範囲またはある種の行為の許容性（信託26条本文、28条2号・3号、31条2項4号、35条1項・2項、49条2項）、⑤受益権取得請求権（信託103条1項1号）、⑥信託の終了（信託163条1項1号、165条1項）、⑦受益者の定めのない信託に対する信託法の規定の適用（信託261条、附則3条、4条）である。

第 1 章　信託の目的

　ところが、これらの場合において「信託の目的」が同じ意義であるのか、どのような機能を担うのかが、必ずしもはっきりしないように思われる。

　そもそも、法の世界において、「目的」は、多義的な概念である。

　国語辞典の一つである『大辞林〔第3版〕』によれば、目的とは、「実現しよう、到達しようとして目指す事柄。めあて」、あるいは、「行為において目指すもの。それのために、またそれに向けて行為が行われ、実現が求められるもの」とされている。法において、「目的」がこの意味で使われることは、もちろんある。たとえば、法人の「目的」（民法34条、一般法人法11条1項1号）、借地借家法の適用対象となる地上権または土地賃借権を定める要件である建物所有の「目的」（同法1条）は、この意味である。

　もっとも、これと異なる意味で用いられることもある。たとえば、「地上権及び永小作権も、抵当権の目的とすることができる」（民法369条2項）というときの「目的」、民法第3編第1章第1節の見出しの「債権の目的」にいう「目的」は、客体または対象の意味である。また、法令上の用語ではないが、法人の定款においてよくみられる「目的事業」というときの「目的」は、株式会社における剰余金の分配や公益法人におけるある公益など、法人が目指す事柄を実現するための「手段」を意味する（つまり、目的事業とは、その法人が実現しようと目指す事柄（法人の「目的」）を実現するための手段としての事業）であろう。

　では、「信託の目的」にいう「目的」とは何か。

　これに関する代表的な見解として、旧法のもとではあるが、信託の目的とはその信託の設定によって達成しようとしている目標を意味すると述べるものがある[13]。これに対し、現行法に関して、「信託の目

---

13)　能見14頁。

的」の意味は条文により一様ではなく、実現しよう、到達しようとして目指す事柄を意味することもあるが、受託者の行為を決定する基準を定めるものが「信託の目的」であることもあるとするものもある[14]。後者は、「信託の目的」が担う機能を重視したものであるように思われる。そして、その機能については、両者のいずれにおいても、受託者の信託事務処理上の指針となり、その権限の外延を画する機能と、信託の存続可能性を判断する際の基準となる機能があるとされている[15]。

実際、重要であるのは、「信託の目的」を定義することそれ自体ではなく、「信託の目的」が法律関係においてもつ意味を明らかにすることであろう。そこで、以下では、「信託の目的」に信託法上意味が認められている場合のうち主なものについて、「信託の目的」はどのような役割を果たすのか、あるいは、そこにおいて「信託の目的」がどのように考慮されるのかを考える[16]。

2　信託の成立と「信託の目的」

(1)　信託の成立要件としての「信託の目的」の定め

信託は、「一定の目的」、すなわち信託の目的が定められていなければ、成立しない（信託2条1項、3条、4条）。したがって、「信託の目的」は、ある関係に信託としての効力を与える機能をもつことになる。そして、ここでは、どのような定めがあれば「信託の目的」が定めら

---

14)　道垣内44頁以下。
15)　能見68頁、道垣内45頁以下。
16)　この問題に関する優れた分析として、とくに、旧法について、能見14頁・20頁以下・68頁以下・133頁・243頁以下・256頁・292頁以下・296頁以下、現行法について、道垣内44頁以下・292頁以下・299頁・391頁・403頁以下がある。

第1章　信託の目的

れたと認められるのかが重要になる。

　どのような関係に対して信託の効力が認められるかについては、本章Ⅱにおいて取り上げた。そこでは、信託財産の独立性が信託を特徴づける不可欠の効果であり、その効果が認められるためには、ある財産が受託者に帰属するものでありながら、受託者がその財産を固有財産と同じように自由にすることができず、信託の目的に拘束されることが必要である旨を述べた。

(2)　信託財産からの利益を受託者に得させないための定め

　これによると、信託の成立要件としての「信託の目的」の定めは、信託財産に関し、固有財産とは異なると認めるに足る自由の制限を受託者に設けるもの、ということになる。これに該当しうる定めは、多種多様である。もっとも、ある関係に信託としての効力を認めるという機能においては、最低限どのような定めが必要かを考えればよい。そうすると、信託財産から受託者が利益を得られないようにする定め（信託財産に属する財産が、終局的に、受託者に帰属することがないようにする定め）が、これにあたると考えられる。受託者が信託財産の管理または運用を自由にすることができたとしても、その結果としての利益を自ら収めることができなければ、固有財産とは異なる拘束を受けているとみることができる。それに対し、信託財産の管理または運用について一定の拘束を受けたとしても、その結果としての利益を受託者が自ら収めることができるとすれば、たとえば賃借権をはじめとする他人の財産に対する自己の権利と異なるところがなく、固有財産と異なる制限を受けているとはいえないからである。

(3)　受益者の定めのある信託の場合

　信託財産から受託者が利益を得られないようにする定めには、二種のものがあると考えられる。一つは、受益者およびその受益権の内容

III 「信託の目的」

の定めである。もう一つは、受益者の定めがない場合に、信託財産に属する財産を、最終的に受託者のもとに留めず、受託者に失わせるようにする定めである。

これらの定めのうち、受益者の定めには、受益者を受託者以外の者が特定することとする定めだけでなく、受益者を特定するための基準の定めを含む。誰を受益者とするかを受託者が自由に決められるというのでは、受託者が複数受益者の一人となることが認められていることを考えれば、受託者が信託財産に属する財産の全部または一部を他人のものとし、残りを自己のものとすることを自由に決められることになるから、その財産を自由に処分することができることと変わらない。そこで、信託行為において、受託者以外の者が受益者を定めるものとされているか、受益者の特定を受託者にゆだねる場合には、受託者がその特定をするにつき従わなければならない基準が与えられていることが必要になる。

受益権の内容の定めとは、受益権に基づいて受益者が受ける給付（以下「受益的給付」という）に関する定めを指す。この定めは、定期的に一定金額を与える旨の定め、ある時に信託財産の一定割合を与える定めなど、さまざまでありうる。もっとも、受託者が任意の時に任意のものを与えることができるというのでは、受託者が受益的給付を一切しないこと、受益的給付の内容を決定する立場を自己の利益を図るために利用することなども考えられ、受託者が信託財産を自由に支配することができる状況になりかねない。そのため、信託行為において、受益的給付について、その内容を特定するための基準が与えられていなければならないと考えられる。

以上の意味での受益者およびその受益権の内容の定めがされているならば、その信託によって実現しよう、到達しようと目指す事柄が他に定められている必要はない。たとえば、ある者Bを受益者とし、毎月20万円を与えると定められている場合、その関係に信託の効力

第1章 信託の目的

を認めるために必要となる「信託の目的」（以下、これを「信託の要件としての『信託の目的』」ということがある）としては、それで十分である[17]。たとえば、Bの生活支援のために毎月20万円を与えるとされた場合、「生活支援のため」ということが、その信託において実現しようと目指された事柄または受託者の行為の基準になり、「信託の目的」として他の問題において意味をもつことはありうる。しかしながら、ある関係に信託の効力を認めるための「信託の目的」の定めとしては、そのような定め（「生活支援のため」といった定め）はなくても問題ない。

(4) 受益者の定めのない信託の場合

受益者の定めのない信託において、信託財産に属する財産を、受託者のもとに留めず、最終的に受託者のもとから流出させるようにする定めも、さまざまである。その際、信託財産に属する財産が受託者のもとから最終的に流出することが、社会にとって、あるいは誰かにとって有益であることが求められるわけではない。受託者がそれに従って信託財産に属する財産を流出させる基準が設けられていることで足り、その基準の定めが、信託の要件としての「信託の目的」の定めになる。たとえば、現実味があるといえないが、「毎月最初に事務所に来た人に5万円を与える」という定めも、この意味での「信託の目的」の定めになる[18]。それに対し、「生活に困っている人を選んで毎月金銭を与える」という定めは、信託の要件としての「信託の目的」の定めとして十分ではない。「生活に困っている」という基準は

---

17) この場合、Bに毎月20万円を与えるということは、受託者の行為の基準になるものであるが、委託者がその信託により実現しようと目指す事柄ともいえる。
18) この定めも、受託者の行為の基準になるものであるが、委託者がその信託により実現しようと目指す事柄の定めともいえる。

Ⅲ 「信託の目的」

曖昧にすぎ、これでは、受託者が信託財産を自由に支配することを防ぐことができないからである。

なお、受益者の定めのない信託のうち、主務官庁の許可を得たものは公益信託として特別の扱いを受ける。その主務官庁の許可は、「学術、技芸、慈善、祭祀、宗教其ノ他公益ヲ目的トスルモノ」に与えられる（公益信託法1条）から、公益信託の成立要件としての「信託の目的」は、公益にあたるある事柄を実現しよう、達成しようと目指すものでなければならない。

(5) 信託財産の管理または運用の基準の定め

信託の要件としての「信託の目的」が定められたというために、信託財産に属する財産が最終的に受託者のもとに留まることがないよう、受託者のもとから流出させるための定めが必要であるのに対し、信託財産の管理または運用の指針または基準となる定めは必要ないと考えられる。その理由は(2)において述べたとおりであるが、(3)または(4)において述べた意味での「信託の目的」が定められているならば、その目的を基準にして受託者の権限の範囲が定まり（信託26条）、善管注意義務その他の受託者の義務を定める信託法29条以下により受託者が運用の際に従うべき基準が与えられるから、実際上の問題もない[19]。

---

19) もっとも、当事者が信託の設定を意識せずに締結した契約の場合には、その契約が信託契約と認められるためには、「信託の目的」にあたりうる目的が定められているだけでは足りない。この問題については、本章Ⅱとくにその2(3)を参照。

第1章　信託の目的

3　受託者の事務処理と「信託の目的」

(1)　「信託の目的」が受託者の事務処理について意味をもつ場合

「信託の目的」は、信託財産の管理、運用、分配その他の信託事務処理についても意味をもつ。

「信託の目的」は、受託者がした行為の効果（または、その行為の信託財産に対する効果）を定める基準となる。すなわち、受託者は、信託財産に属する財産の管理または処分のほかに、信託の目的の達成のために必要な行為をすることができる（信託26条本文）。受託者が信託事務処理を第三者に委託することができるかどうかが、信託の目的に照らして定まることがある（信託28条2号・3号）。利益相反行為が例外的に許容されるかどうかに関し、信託の目的の達成のための合理的必要性が基準の一つとなることがある（信託31条2項4号）。いわゆる競合行為の禁止は、受託者が受託者として有する権限に基づいて信託事務の処理としてすることができる行為について問題となるから（信託32条1項）、信託の目的が間接的に禁止の対象となる行為を定める基準の一つとなる。さらに、受託者は、その処分により「信託の目的」の達成が不可能になるときは、費用等の償還または費用の前払を受けるために、信託財産に属する財産を処分することができない（信託49条2項）。

(2)　受託者の事務処理について「信託の目的」がもつ意味

これらの場合、問題となる行為について、受託者にそれをすることを認めるか否か、どのような条件または事情のもとで認めるかが信託行為において有効に定められた場合には、その信託行為の定めに従って、行為の可否が決まる。たとえば、「受託者は、信託事務処理のために必要があるときは、信託財産に属する財産を担保として金銭を借

III 「信託の目的」

り入れることができる」、「受託者は、信託財産に属する建物の管理を第三者にゆだねることができる」といった信託行為の定めがされたときである。

こういった定めは、受託者の行為の基準を設けるものに他ならない。そのため、受託者の行為の基準となるものが「信託の目的」にあたるならば、それらの定めは、信託の目的の定めとなる。もっとも、ここでは、それらの定めが信託の目的の定めにあたるかどうかを論ずることに、大きな意味はない。いずれであっても、その定めに従って受託者がした行為の効果が決まるからである[20]。

そうすると、受託者がした行為の効果を定めることについて意味をもつ「信託の目的」は、行為の可否を具体的に定めているとはいえないが、そこから行為の可否について一定の判断が引き出されるもの、ということになる。

たとえば、委託者Sの死後に、まずはB_1を受益者として信託財産に属するある建物に無償で住まわせ、B_1の死後は残余財産をB_2に取得させることとする信託において、受託者Tが金銭の借入れをすることができるかどうかについての定めがない場合に、Tがその建物の改良のために金銭を借り入れる権限を有するかどうかが問題になったとする。このときには、Sが、B_1とB_2にどのような意図でどのような利益を与えようとしたのか、たとえば、B_1によりよい暮らしをさせ、そのうえで財産が残れば、それをB_2に与えようとしたのか、B_1に住む場所だけは保障し、なるべく多くの財産をB_2に取得させ

---

[20] もっとも、信託法26条では、信託行為の定めによって受託者の権限に制限を加えることが認められているだけであり、権限を与えることは認められていない。したがって、受託者はある行為（信託財産の管理または処分以外のもの）をすることができる旨の信託行為の定めがある場合、受託者はその行為をする権限を有するが、それは、「信託の目的」の達成のために必要な行為と認められるからであると解すべきことになる。

第1章　信託の目的

ようとしたのか、すなわち、委託者がその信託によって実現しよう、到達しようと目指した事柄から、受託者が建物改良のために金銭を借り入れる権限を有するかどうかが判断されると考えられる。

(3)　「信託の目的」の解釈

「信託の目的」が、受託者がある行為をすることについての可否の判断基準（の一つ）となる場合、「信託の目的」の解釈は、その行為をするかどうかにつきどの程度受託者の判断に任せることがその信託にとって望ましいと考えられるかに、相当左右される。

信託法26条により定まる受託者の権限の範囲と、信託法28条により定まる受託者の事務処理にかかる第三者委託権限については、受託者の判断に広くゆだねることで柔軟な信託事務処理を期待することができ、委託者の意図にも受益者の利益にもかなう結果となることが期待されるとするならば、受託者に多くの行為が認められるよう、「信託の目的」を解釈することが考えられる。反対に、たとえば受託者が個人であり、その判断に広くゆだねることが適当とはいえないような場合には、「信託の目的」を限定的に捉えることにより、受託者の行為を制限していくことが考えられる。

これに対し、利益相反行為の制限の解除や競合行為の禁止など、受託者の利益と信託財産（または受益者）の利益とが対立しうる行為について、「信託の目的」が受託者の行為の可否を定める基準の一つとなるときは、受託者の判断に広くゆだねることが適切であるとされることは基本的にないはずである。そのため、「信託の目的」は限定的に捉えられるべきことになる。

4 信託の変更等と「信託の目的」

(1) 信託の変更等について「信託の目的」がもつ意味

　信託の変更、合併、分割（以下、まとめて信託の「変更等」という）は、いずれも、委託者、受託者および受益者の合意によってすることができることを基本としつつ、場合により、それらの一部の者の合意またはいずれかの者の決定をもってすることができるとされている（信託149条、151条、155条、159条）。その際、信託の目的に反しないことが明らかであるとき、または信託行為に別段の定め（たとえば、受託者と受益者の合意により信託の変更をすることができるものとする定め）があるときを除き、信託関係者による信託の変更等には、委託者の同意が必要であるとされている。

　委託者を合意の当事者に含めなくてよいとする定めが信託行為に設けられているということは、他の者の間の合意または他の者の決定による信託の変更等に、委託者が事前に同意しているということである。そうであれば、信託の変更等をするには、その変更等が信託の目的に反しないことが明らかでない限り、委託者の同意を要することになる。

　そうすると、ここでの「信託の目的」は、委託者の同意がなくても信託の変更等をすることができるかどうかを定める基準になる。そのため、ここにいう「信託の目的」は、信託行為の定めのうち委託者の意思として尊重すべきものであるということができる。そしてそれは、委託者がその信託において実現しよう、達成しようと目指した事柄[21]ということになると思われる。

　たとえば、受益者に対して毎月20万円を給付することとされている信託において、受益者と受託者の合意のみにより半年ごとに120

---

21) 道垣内391頁。

第1章　信託の目的

万円を給付することに変更することができるかどうかは、毎月20万円を給付するという定めが、受益者に対する給付の額を定めるものにすぎないのか、そのような方法とすることにより、委託者が受益者に金銭を取得させること以外に実現しようとした事柄があるのかによって決まる。ともかくも受益者に一定額の金銭を取得させることが委託者の実現しようとしたことならば、その支払方法にさして大きな意味はなく、その定めは委託者の意思として尊重すべきものとまではいえない。それに対し、たとえば、委託者が浪費癖のある受益者に一度に大金を与えることを避けるべく支払方法の定めを設けたのであれば、その定めは、受託者の行為の基準を定めるだけでなく、委託者が受益者に金銭を得させること以外の事柄（たとえば、加えて受益者による浪費の防止）を実現しようとするためのものでもありうる。その場合には、その定めは、委託者の同意がなければ変更することができない。

(2) 裁判による信託の変更の可否と「信託の目的」

いま挙げた例で、毎月20万円を受益者に給付するという定めは、受益的給付の実行は信託事務の処理の一つであるから、「信託事務の処理の方法に係る信託行為の定め」（信託150条1項）に該当する。そのため、裁判による信託の変更が可能であるのかが問題になる。上記の例では想定しがたいため一般化していえば、信託行為の当時予見することのできなかった特別の事情により受益者の利益に適合しなくなった定めが、「信託事務の処理の方法に係る信託行為の定め」にあたるが、委託者がその信託により実現しようと目指す事柄という意味での「信託の目的」を定めるものにもなっている場合において、委託者の同意が得られないときに、その定めは裁判による変更の対象になりうるか、ということである。

信託法150条1項は、信託関係者の予測可能性を確保すること、および裁判による信託の変更という制度が実務的に十分機能すること

に配慮して、裁判による信託の変更の対象を定めたものであるとされている[22]。そうであれば、上記の意味での「信託の目的」の変更の性格をもつ変更は、委託者の予測可能性を害することになり、また、裁判所が適切な判断をすることには相当の困難を伴うと考えられるから、その変更を対象に含めることは同項の立法趣旨に適合しない。また、同項によれば、信託の変更には当該の信託行為の定めが「受益者の利益に適合しなくなる」ことが必要であるが、受益者の利益に適合しなくなったかどうかは、「信託の目的」にも照らして判断される。そのため、「信託の目的」が受益者に利益を与えることに留まらないときには、「信託の目的」が受益者の利益に優先すると考えられる。

したがって、「信託事務の処理の方法に係る信託行為の定め」であっても、委託者がその信託により実現しようと目指す事柄という意味での「信託の目的」を変更することになる場合には、その「信託の目的」が受益的利益の付与に留まるときを除き、裁判による変更はすることができないと考えられる。

(3) 受益権取得請求の根拠としての「信託の目的」の変更

上記(1)および(2)に述べたこととは異なる問題であるが、信託の変更に関連することであるため、ここで、受益権取得請求の根拠となる「信託の目的」の変更について取り上げる。

受益者は、信託法103条1項1号から5号までの事項にかかる信託の変更がされた場合、受託者に対し、受益権の公正価格での取得を請求することができる。信託の目的の変更がされた場合は、その一つとされている。そして、信託の目的の変更の場合には、受益者がその変更により損害を受けるおそれがなくても受益権取得請求が認められる点に特徴がある。これは、「例えば、福祉目的の信託から営利目的

---

[22] 寺本344頁。

第1章　信託の目的

の信託へと変更されたような場合には、当該信託から離脱したいという受益者の意思を尊重すべきであって、受益者に損害が生じるおそれがあるか否かを問題とするのは相当ではないと考えられるからであ」るとされている[23]。

　これは、その信託において実現しようとされた事柄のゆえに受益権が取得された場合には、その事柄が変わることにより受益権取得の前提が失われることがあるとして、受益者に受益権取得請求を認めるということである。そうであれば、ここでの「信託の目的」は、その信託により実現しようとされた事柄であって、受益者による受益権取得の前提となるものと解することができるように思われる。

　たとえば、信託財産を運用して受益者に配当をする信託において、その運用の対象や方針を定める信託行為の定めは、受託者の行為の基準となるという意味で、「信託の目的」の定めにあたるとされることもある。しかしながら、そこで定められていることは、通常、信託法103条1項1号にいう「信託の目的」にあたらない。信託財産をどのように運用するかは、通常、その信託において実現しようと目指す事柄にあたらず、また、受益者がその定めに着目して受益権を取得することはありうるものの、それは、経済的利益の観点においてであり、その変更により経済的損失を受けるおそれがないのであれば、受益者をとくに保護する必要はないからである。

　もっとも、たとえば、信託財産に属する株式の投資基準に関する信託行為の定めが環境保護のため先進的な取組みをしている企業を支援するという方針から設けられている場合には、その定めにおいて、経済的利益の観点とは別の、その信託において実現しようと目指す事柄が示されていると解されることもあるだろう。そのように解されるときは、その株式投資基準の定めの変更は、単に信託財産の運用の対象

---

23)　寺本284頁。

III 「信託の目的」

または方針に関する定めの変更ではなく、信託法103条1項1号にいう「信託の目的」の変更に該当する。

5 信託の終了と「信託の目的」

(1) 信託の終了について「信託の目的」がもつ意味

信託は、信託の目的が達成されたこと、または信託の目的を達成することができなくなったことにより終了する（信託163条1号）。信託法163条1号は旧信託法56条後段に相当する規定であるが、旧信託法56条後段につき、信託終了原因の基本をなすものであるという指摘[24]、信託法163条1号につき、信託を継続する理由がない場合の当然の終了事由であるという指摘[25]がある。こういった指摘がされるのは、ここにいう「信託の目的」が、その信託によって実現しよう、達成しようと目指される事柄であり、その信託の効力の基礎をなすもの[26]だからであろう。

(2) 信託の目的の達成または達成不能の意義

信託の目的の達成の場合として、たとえば、大学の学費支給を目的とする信託において受益者が無事大学を卒業した場合、特定の不動産処分を目的とする信託において当該不動産の処分が終了した場合、信託の目的の達成不能の場合として、たとえば、信託財産が不可抗力によって消滅した場合、単独受託者の地位と単独受益者の地位が同一人に帰した場合[27]、受益者全員が受益権を放棄した場合、特別障害扶養信託の受益者など一身専属的な受益者が死亡した場合、信託設定後に無効原因が生じた場合などが挙げられている[28]。

---

24) 四宮347頁。
25) 新井388頁。
26) 道垣内403頁。

第1章 信託の目的

もっとも、信託の目的の達成と達成不能を厳格に区別することは難しい[29]、両者は同一の事実を裏側からみた関係にある[30]、という指摘がある。いずれかに該当すれば信託は終了するのであるから、あえて区別する意味もないと思われる。

ただ、信託において実現しようと目指される事柄は複数あることもあり、終了原因としての信託の目的の達成または達成不能の判断が容易でないこともあると思われる。

信託の終了は信託の効力の消滅を意味するから、ここにいう「信託の目的」の達成または達成不能は、信託の効力を認めるための「信託の目的」が失われたことを意味すると考えられる。そうすると、受益者のある信託では、2(3)において述べたことによれば、受益者および受益権の内容の定めが信託の効力を認めるための「信託の目的」であるから、それらの定めが意味を失うこと、すなわち、受託者がその定めに従って受益者に対する受益的給付（残余財産受益者に対する残余財産の給付を除く。その給付は、信託が終了したときにされるものだからである）をすることができなくなることが、信託の目的の達成または達成不能にあたると解される。たとえば、信託財産がなくなり、かつ、回復の見込みがなければ、以後、受益者に対する受益的給付をすることはできない。受益者がいなくなり、かつ、新たに受益者が定まることがなければ、以後、受益者に対する受益的給付をすることはできない。受益者が一定の身分や状況にあることが受益権の存続または受益的給付の条件とされているときには、その条件が充たされることがな

---

[27] 受託者が受益権の全部を固有財産で有する状態の1年間の継続は認められているが（信託163条2号）、この状態の解消の見込みがないときは、その見込みがなくなった時点で、2(2)に述べた信託の効力を認めるための「信託の目的」の達成が不可能になる。道垣内405頁参照。
[28] いずれも、新井388頁に挙げられているものである。
[29] 四宮347頁。
[30] 能見256頁。

Ⅲ 「信託の目的」

くなったならば、以後、受益者に対する受益的給付をすることはできない。信託財産を特定の方法または基準で管理または運用して得られた結果から受益的給付をすることとされている場合（たとえば、特定の会社の株式を保有し、その配当から受益者に給付をするとされている場合）には、その管理または運用をすることができなくなったとき（たとえば、その会社が消滅したとき）は、以後、（その管理または運用の方法を変更することができなければ）定められた基準に従って受益者に対し受益的給付をすることはできない。こういった場合に、信託の目的の達成または達成不能であるとして、信託は終了する。

　受益者の定めのない信託では、2(4)において述べたことによれば、信託財産に属する財産を受託者のもとに留めず、最終的に受託者のもとから流出させる基準を与える定めが、信託の効力を認めるための「信託の目的」である。そのため、受託者がその定めに従って信託財産に属する財産を自己のもとに留めず流出させることができなくなることが、信託の目的の達成または達成不能にあたると解される。たとえば、信託財産がなくなり、かつ、回復の見込みがなければ、当然のことながら、以後、受託者は信託財産に属する財産を流出させることができない。委託者が有していた愛玩動物の飼育を継続するために、その飼育をする者に金銭を給付する目的信託では、その動物が死亡したならば、以後、受託者は定められた基準に従って信託財産に属する財産を流出させることができない。特定の疾患の治療薬開発に取り組む者に研究費を助成する公益信託では、その治療薬が開発されたならば、以後、受託者は定められた基準に従って信託財産に属する財産を流出させることができない。こういった場合には、信託の目的の達成または達成不能であるとして、信託は終了する。

第2章　受託者

第2章　受託者

I　序　論

> 「受託者は、信託関係のまさに中核的な役割を負う者である。すなわち、委託者から信託財産に関する完全権の移転（所有権ほか＋名義の移転）を受けるとともに、その後、委託者によって設定された信託目的に従って、この信託財産の管理ないし処分を遂行する義務を負い、他者のための財産管理人として信託事務を実行することになるのである。信託に関する法規定の過半は、こうした受託者の活動を規制するために設けられたものであり、この意味でも受託者は信託関係のキー・パーソンであるということができる。」[1]

　受託者は、信託財産に属する財産を有する者であり、信託財産にかかる契約の当事者である。財産（権）を有する者は、通常、その財産を、当該財産に対する一般的な制約に服しつつ、自由にその使用、収益または処分をすることができる。逆に言えば、ある財産の使用、収益または処分を自由にすることができる者であるからこそ、その財産は、その者が有するものであるとされる。また、ある者が自らのために契約をした場合、通常、その契約の効果は、その者に全面的に帰属する。逆にいえば、ある契約の効果がある者に全面的に帰属するからこそ、その者は、その契約の当事者とされる。

---

1)　新井 207 頁。

I 序　論

　もっとも、受託者に、信託財産に属する財産の使用、収益または処分を自由にすることを認めることは、信託の本質に反する。受託者の地位にある者が自らを当事者とする契約を締結した場合に、その契約の効果が常に当然に信託財産に及ぶとすることも同じである。そのため、信託財産に属する財産は受託者の有する財産でありながら、受託者は、その使用、収益または処分につき、法律上、種々の義務を負うなど制限を受ける。また、受託者の地位にある者は、自ら当事者となる契約を締結することについて、法律上、種々の義務を負うなど制限を受ける。

　受託者に対するこの種の制限は、旧信託法の制定当初から設けられていた。ただ、現行信託法において初めて法定されるに至ったものもある。それらのうち、本章では、受託者の権限による制限と、受託者の公平義務を取り上げる。

　受託者の「権限」という概念は、旧信託法のもとでは、法律上存在しなかっただけでなく、学説においても、これを認めるものも珍しくなかったが、一致して用いられていたわけではない。受託者の「権限」が、信託財産に属する財産の自由な使用、収益または処分の権限、信託財産にかかる契約の自由な締結の権限であればともかく、そうでなければ、その概念は、受託者は信託財産の「完全権」を有するという観念に矛盾する。そのため、受託者が信託財産に関して受ける制限を、すべて、受託者の義務として説明する立場が存在した。少なくともある時期までは、むしろ、それが一般的であった。これに対し、現行信託法は、受託者の「権限」という概念を導入し、その概念を用いて、受託者の地位にある者がした行為の法律効果を定めている。ただ、現行信託法も、信託財産に属する財産の権利を、その一部にせよ、受託者以外の誰かが有することを認めているわけではない。また、信託財産に属する財産は受託者が有するものであることを否定しているわけでもない。実際、現行信託法は、受託者が受託者として第三者との

第2章　受託者

間でした「権限」に属さない行為について、その行為を無効であるとも、その行為の効果は信託財産に帰属しないともしていない。これは、私法上一般的な「権限」の概念とは異なるように思われる。では、受託者の「権限」とはいったい何か。本章ⅡからⅣまでは、これを明らかにしようとする試みの一部である。

　受託者の公平義務も、旧信託法にはそれを定める規定が存在せず[2]、ただ、学説上、英米法においては確立したものであり、わが国においても認められるべきであると説かれていた。一つの信託において複数の受益者が存在することは、旧信託法の制定当初から認められていた。そのような信託において、複数の受益者の間に不可避的に生じうる利益衝突を調整するための準則が必要であること、その準則が受託者の行為を規制するものになることは、明らかである。しかしながら、法律に規定がないこと、現実に受託者となる者および設定される信託の内容が限られていたこともあって、受託者の行為を規制するその準則、すなわち公平義務にかかる準則については、充実した議論の蓄積があるとはいえない状況であった。現行信託法は、いわゆる民事信託の利用の促進も狙いの一つとして制定されたものであり、受託者の公平義務を定める信託法 33 条は、その狙いを具体的に表す規定の一つであるということができる。そこで、民事信託の健全な展開に資することを願って、本章Ⅴにおいて、受益者連続型の信託における受託者の公平義務の問題を取り上げる。

---

[2]　担保附社債信託法には、かつて、その 68 条に、「受託会社ハ公平且誠実ニ信託事務ヲ処理スヘシ」とする規定が設けられていた。

II　受託者の行為による信託財産の「変動」

1　はじめに

　ある者Tが受託者となった場合、Tは、受託者として信託財産に属する財産を保有し、その管理処分その他の行為をすることになる。もっとも、Tは、固有財産を有しており、受託者となったことにより、その財産にかかる行為の自由を失うわけではない[3]。

　信託財産は、財団として法人格を与えられるものではない。あくまでTの財産である。ただ、信託は、受益者に利益を与えることなど、委託者が定める信託目的を達成するために設定される。信託財産は、その目的を達成するためのいわば原資となるものであり、そのようなものとして、受託者の財産とされる。また、Tの財産のうち、どの財産が信託財産に属し、どの財産が固有財産に属するかは、重要な意味をもつ。たとえば、Tは、受益者でもある場合に受益者として利益を享受することを除いて、信託財産から利益を得ることができない（信託8条）。受益者が受益権に基づいて給付を受ける権利である受益債権について、Tは、信託財産に属する財産のみをもって履行する責任を負う（信託21条2項1号）。Tに対し債権を有する者は、Tが信

---

[3]　Tが複数の信託の受託者である場合、それらの信託財産の間でも同じことが問題になる。もっとも、以下では、Tの有するある信託の信託財産と固有財産との関係をもっぱら問題とする。

第 2 章　受託者

財産をもって履行する責任を負う債務(信託財産責任負担債務)にかかる債権にあたる場合を除き、その債権に基づいて信託財産に属する財産に対して強制執行をすることができない(信託 23 条 1 項)。

そこで、受託者となった T が契約をした場合において、どのようなときに、その契約により T が取得する財産が信託財産に属する財産となるか、信託財産に属する財産が失われることになるか、あるいは、T の債務が信託財産責任負担債務となるかが、明らかにされる必要がある(以下において、T のこういった財産の取得もしくは喪失または債務の負担を指して、「信託財産の変動」、効果の「信託財産への帰属」、効果が「信託財産に及ぶ」などという)。

2　受託者の行為による信託財産の変動(総論)

受託者となった T がした契約の効果が信託財産に帰属するためには、T が、その契約を「信託財産のためにした」ことが必要である(信託 21 条 1 項 5 号・6 号、27 条 1 項参照)。「信託財産のため」とは、行為によって生ずる利益または不利益(行為の経済的結果)が信託財産に帰属するものとして、という意味である[4]。

「信託財産のためにした」とされるために、その旨が契約相手方等に表示される必要はない。信託財産に属する財産を移転する行為や、その財産を目的とする権利を設定する行為のように、その効果が当然に信託財産に及ぶ場合のほか、T がその効果を信託財産に帰属させる意思(以下、「信託財産のためにする意思」という)をもって行為をした場合[5]に、「信託財産のためにした」行為と認められる。

T が契約を信託財産のためにした場合に、その効果が実際に信託

---

[4]　道垣内 76 頁・77 頁。
[5]　寺本 85 頁、村松ほか 76 頁注 1、道垣内 77 頁。

Ⅱ 受託者の行為による信託財産の「変動」

財産に帰属するか否かは、契約から生ずる効果によって異なる。

　信託財産に属する財産を移転し、またはその財産を目的とする権利を設定する契約は、性質上当然に、その効果が信託財産に及ぶ（信託21条1項6号イ二重かっこ部分参照）。

　それ以外の契約については、Tに受託者としてその契約をする権限があるか否かと、契約の相手方GがTの信託財産のためにする意思を知っていたかどうかによって異なる。その契約がTの権限内の行為である場合は、その効果が信託財産に及ぶ。契約がTの権限外の行為である場合には、GがTの信託財産のためにする意思を知っていたときは、その効果が信託財産に及び、そのうえで、信託法27条による契約取消しの可否が問題になる。GがTの信託財産のためにする意思を知らなかったときは、その効果は信託財産に及ばない。以下、これを敷衍する[6]。

3 受託者による所有物の売却（所有物の処分）

[設例2-1]
　Tが、Gとの間で、Tの所有する動産（甲）につき売買契約を締結した。

[設例2-2]
　Tが、Gとの間で、Tの所有する乙土地につき売買契約を締結した。

---

6) この問題については、佐久間毅「受託者の『権限』の意味と権限違反行為の効果」信託法研究34号（2009）35頁以下も参照。

第2章 受託者

(1) 信託財産への効果の帰属

これらの場合、甲または乙土地が信託財産に属するものでない（Tの固有財産に属する）ときは、信託財産は、その契約により何ら影響を受けない。

それに対し、甲または乙土地が信託財産に属するときは、契約の効果が信託財産に帰属する。すなわち、甲または乙土地はGに移転することにより信託財産から流出し、代償物たる代金（債権）が信託財産に属することとなる（信託16条1号）。そのうえで、Tがその売買をする権限を有しなかったときは、信託法27条による取消しの可否が問題となる。この取消しが可能となるための要件について、[設例2-1]と[設例2-2]とでは違いがある。

(2) 信託財産に効果が帰属した契約の取消し

[設例2-1]では、信託法27条1項が適用される。その文言によれば、Gが、契約の時に、①その契約が信託財産のためにされたことを知り、かつ、②Tがこの売買の権限を有しないことを知っていたか、または知らなかったことにつき重大な過失があったときに、受益者Bは、GT間の売買を取り消すことができる（【表2-1】㋐）。これに対し、Gが、甲が信託財産に属することを知らなかったならば、その契約が信託財産のためにされたことを知らなかったことになるから、Bは、GT間の売買を取り消すことができない（【表2-1】㋑）。

もっとも、【表2-1】㋑の場合については、信託法27条1項の文言に忠実に問題を処理する見解[7]（以下、「α説」という）のほかに、取消しの可否は要件②のみをもって決まるとする見解[8]（以下、「β説」という）がある。β説は、要件①を、受益者によるTの行為の取

---

7) 寺本103頁、村松ほか74頁。
8) 道垣内78頁。

Ⅱ 受託者の行為による信託財産の「変動」

【表2-1】

			甲が信託財産に属すること	
			G：知	G：不知
受託者の権限	あり		甲：Gに移転 代金：信託財産	
	なし	G：悪意重過失	甲：Gに移転 代金：信託財産 ㋐	甲：Gに移転 代金：信託財産 ㋑
		G：上記以外	甲：Gに移転 代金：信託財産	

消しはその行為の効果が信託財産に及んでいることを前提とすることから必要となるものであると解し、信託財産に属する財産につき権利を設定し、またはその財産を移転する行為（［設例2-1］の売買はこれに該当する）の場合、その効果が性質上当然に信託財産に及ぶため、要件①を問題とする必要はないとする。二つの見解の違いは、たとえば、Gが、Tは信託財産に属する財産のうち一部の財産の処分を禁じられていること（つまり、その財産の処分は権限違反行為であること）を知っていたが、甲がその財産に該当することを重大な過失により知らなかった（つまり、Tの行為が信託財産のためにされるものであることを知らなかった）場合に生ずる。α説によれば、Bは、この契約を取り消すことができない。β説によれば、取り消すことができるときがある。

信託法27条は、どのような悪性のある相手方との関係で、行為の取消しにより信託財産、ひいては受益者の利益を保護することが適当かを問題とするものである。この点、Gが、(a)甲が信託財産に属することを知っていたが、Tが甲の処分を禁じられていることを当然知

第2章 受託者

【表2-2】

		信託の登記	
		あり	なし
受託者の権限	あり	乙土地：Gに移転 代　金：信託財産	
	なし　G：悪意重過失	乙土地：Gに移転 代　金：信託財産 ㋐	乙土地：Gに移転 代　金：信託財産 ㋑
	なし　G：上記以外	乙土地：Gに移転 代　金：信託財産	

ることができたのに重大な過失により知らなかった場合と、(b)信託財産に属する（ある）財産の処分をTが禁じられていることを知っていたが、甲がその財産に該当することを当然知ることができたのに重大な過失により知らなかった場合とで、信託財産（受益者の利益）を保護すべき程度も、Gの悪性も変わらない。したがって、β説が妥当であると思われる。

［設例2-2］の場合には、BによるGT間の売買の取消しの要件は、これと異なる。［設例2-2］では、目的物は、乙土地であり、登記をしなければ権利の得喪および変更を第三者に対抗することができない財産である。そのため、Tに権限がなかった場合には、信託法27条2項が適用される。それによると、売買の当時、①乙土地について14条の信託の登記がされており、かつ、②Gが、その売買はTの権限に属しない行為であることを知っていたか、知らなかったことにつき重大な過失があったときに、Bは、GT間の売買を取り消すことができる（【表2-2】㋐）。乙土地について信託の登記がされていなければ、要件②が充たされていても、取消しは認められない（【表2-2】

Ⅱ 受託者の行為による信託財産の「変動」

①)。

　この要件①は、受益者が取消権を行使する場合には、取消しの対象となる行為の目的物が信託財産に属することを相手方に対して主張することとなるため、その信託財産に属することについての対抗要件（すなわち信託法14条の登記または登録）が備わっていることが必要になることから設けられたものである、と説明されている[9]。そうであれば、民法177条に関する一般的理解に照らして、Ｇが、背信的悪意者であるなどその主観的事情において保護すべきでないものであるときは、要件①が充たされていなくても、Ｂによる取消しが認められてよいことになろう。

4　受託者による金銭の借入れ（債務の負担）

> [設例2-3]
> 　Ｔが、Ｇから、金銭を借り入れた。

(1) 信託財産への効果の帰属

　この例で問題となるのは、Ｔの借入金債務（Ｇの貸金債権）は信託財産責任負担債務（にかかる債権）となるか、である。Ｔによる借入れは、信託事務処理の費用にあてるためにされること、Ｔ自身の用にあてるためにされることのいずれもあり、行為の性質から信託財産に変動を生ずるかどうかが明らかになるものではない。

　この場合には、Ｔが「信託財産のためにする意思」をもって契約をしたかどうかにより、信託財産責任負担債務となりうるかどうかが分かれる。

---

[9]　寺本107頁、村松ほか79頁注7。

第2章　受託者

【表2-3】

受託者の権限			Tの信託財産のためにする意思		
			あり		なし
			G：知	G：不知	
	あり		信託債務㋐		固有債務㋺
	なし	G：悪意重過失	信託債務㋑	固有債務㋓	固有債務㋕
		G：上記以外	信託債務㋒		

「信託債務」：信託財産責任負担債務
「固有債務」：信託財産責任負担債務とならない債務（【表2-4】も同じ）

　Tに信託財産のためにする意思がなかったならば、Tの借入金債務は信託財産責任負担債務にならない（【表2-3】㋺㋕）。

　Tに信託財産のためにする意思があった場合には、Tがその借入れをする権限も有していたならば、その債務は信託財産責任負担債務になる（【表2-3】㋐）。Tが借入権限を有しなかったならば、Gが、Tの信託財産のためにする意思を知っていたか否かによる。Gがこれを知っていたときは、Tの借入金債務は信託財産責任負担債務となり（【表2-3】㋑㋒）、そのうえで、受益者Bによる契約取消しの可否が問題となる。Gが、Tの権限違反を知り、または重大な過失により知らなかったのであれば、Bは、GT間の契約を取り消すことができる（信託27条1項。【表2-3】㋑）。GがTの信託財産のためにする意思を知らなかったときは、Tの借入金債務は信託財産責任負担債務にならない（信託21条1項6号イ二つめのかっこ書。【表2-3】㋓）。このときには、Gは、「信託財産が引当てになることを信頼したわけではないから、……信託財産責任負担債務とする必要はない」と説明

II 受託者の行為による信託財産の「変動」

されている[10]。

(2) 「信託財産のためにする意思」がもつ意味

信託財産責任負担債務となる（すなわち、行為の効果が信託財産に帰属する）ために、受託者の地位にある者（T）が行為の時点で「信託財産のためにする意思」を有したことが必要とされることにより、Tの自己の利益のために行為をする自由が保障される。また、その行為が、善管注意義務、忠実義務、公平義務など受託者としての義務に従ってされるべきものかどうかが明らかになる。さらに、行為の実際の結果をみてからどの財産に効果を帰属させるかを定めるという、Tの事後の機会主義的行動が防止される。

行為の効果が信託財産に及ぶかどうかはTの意思次第であるとなると、Tが、権限のある行為を、利益（たとえば、有利な金利での借入れ）になると考えられる場合に固有財産のためにし（【表2-3】㋕）、不利益になりうるものの相手方との関係であることが望ましい行為を信託財産のためにする（【表2-3】㋚）、ということ（Tの事前の機会主義的行動）が起こりうる。こういった場合、Bは、前者のような行為について、一定の要件のもとで信託財産のためにされたものとみなすことができる（信託32条4項本文）。後者のような行為については、Tに対し、義務違反の責任を追及することができる（信託29条～31条、40条等）[11]。

(3) 相手方が信託財産のためにする意思の存在を誤信した場合

Tが［設例2-3］の金銭の借入れを自らのためにした場合には、そ

---

10) 寺本86頁。
11) Tがした契約のBによる取消し等、信託財産の変動の否定が認められるかどうかも、問題になりうる。本章Ⅲにおいて、この問題に関連する事柄を取り上げる。

の効果は、固有財産にのみ帰属し、信託財産に及ばない（【表2-3】㋔㋕）。これは、Tの意思の尊重、委託者が設定した信託の目的の実現、受益者の利益の保護といった、信託の利害関係者の意思または利益からすれば、当然である。もっとも、たとえば、Tが、受託者として繰り返しGから借入れをする一方で、自己のために借入れをしたことはなかったところ、あるとき自己のために借入れをした場合には、Gが、Tが自己のためにした行為を信託財産のためにされた行為であると誤信することがありうる。その場合に、Gの誤信に正当な理由があると認められるときは、当該行為の効果が信託財産に帰属する（Tの債務が信託財産責任負担債務になる）ことに対するGの信頼を保護する必要はないかが問題となる。

この問題について、信託法27条1項が「受託者が信託財産のためにした行為」について一定の場合に取消可能とするのは、受託者が信託財産のためにしたのでない行為は信託財産に効果帰属しないことを前提としており、このことは、第三者が信託財産のための行為であると誤信した場合も同じである、とする見解がある[12]。また、信託法は、信託財産に属する債権にかかる相殺について、信託財産責任負担債務でない債務を信託財産責任負担債務であると無過失で信じた者の信頼を保護する（その債務にかかる債権を自働債権とする信託財産に属する債権との相殺を認める）旨の規定を置いている（信託22条1項2号）。この規定は、民法478条の類推適用によるのと同様の保護を第三者に与えることを確認したものであると説明されている[13]。これによると、債務を消滅させる行為について、債務者をとくに保護する規定ということになる。そうであれば、第三者が債権を取得する原因とな

---

[12] 岩藤美智子「受託者の権限と取消」道垣内弘人ほか編『新しい信託法の理論と実務』（経済法令研究会、2007）47頁、新井誠監修『コンメンタール信託法』（ぎょうせい、2008）100頁〔行澤一人〕。

[13] 寺本91頁・95頁注3、村松ほか61頁注2。

Ⅱ　受託者の行為による信託財産の「変動」

る契約については別であり、信託法は、上記見解のとおりの立場を採っていることになろう。しかしながら、これには疑問がある。

　信託財産に、権利主体性はない。信託財産に属する財産は、権利主体であり受託者の地位にある者Ｔの財産である。ところで、権利主体Ｔがその名義でした行為の効果は、通常、Ｔに帰属する。その際、行為が特定の財産を対象にしたものである場合、またはとくに認められる場合を除いて、その効果がＴの有する特定の財産に限定して生ずることはない。ただ、それでは、信託財産を一定の目的のためにのみ受託者に帰属させるという、信託の制度趣旨を実現することができない。そこで、受託者の地位にあるＴの行為のうち、効果が信託財産に及ぶものを限定することを認めるために、受託者の権限という概念が創設され、その権限に属しない行為は、その効果が性質上当然に信託財産に及ぶものを除き、Ｔが信託財産のためにする意思をもってしたものであり、かつ、相手方Ｇがそのことを知っていた場合にのみ、信託財産に効果が生ずることとされたと考えられる。

　もっとも、行為の効果は、特定の財産に限定されることなく、行為者の財産全体に生ずることが原則であることからすれば、Ｔの行為の相手方Ｇは、特段の事情がない限り、信託財産も含めたＴの財産全体に行為の効果が及ぶことを一般的に信頼または期待することが当然であり、本来、その信頼または期待は保護に値するはずである。Ｔの信託財産のためにする意思を知らなかったＧは、「信託財産が引当てになることを信頼したわけではないから、……信託財産責任負担債務とする必要はない」と、一般的にいうことは本来できない。また、Ｔの財産は、信託財産のために、見かけ上大きくなっている。これは、信託の設定を原因とするものである。そうであれば、Ｔの財産全部がＴの債務の引当てになるというＧの誤信を保護するために、信託財産、ひいては受益者に「不利益」を負担させる根拠もある。こういった事情にもかかわらず、信託法は、受託者の権限に属しない行為につ

第2章 受託者

いて、GがTの信託財産のためにする意思を知らなかった場合には、その効果は信託財産に及ばないこととしている。これは、信託財産、ひいては受益者をとくに保護したものということができる。そして、その特別の保護の基礎には、相手方Gが、その権利または利益の実現につき「信託財産が引当てになることを信頼したわけではない」という想定がある。そうであれば、Tに信託財産のためにする意思がなかったにもかかわらず、Gが正当な理由により信託財産のための行為であると誤信した場合は、状況が異なり、別に考えられてよいはずである。

また、信託法22条1項は、債務消滅行為に関して民法478条の類推適用による場合と同様に第三者を保護するものにすぎないという説明について、法律関係創設行為である代理行為との比較として、次のことを指摘することができる。すなわち、ここでの問題は、本人Pのために金銭を借り入れる代理権を有するAが、Gから金銭を借り入れた場合に、Gがその返済をPに請求することができるのはどのようなときか、という問題に相当する[14]。この問題について、代理においては顕名の有無、すなわちAが「Pのためにする意思」を表示したか否かによって判断される。これは、Aのとった態度の解釈によるということであり、その解釈は、相手方のある意思表示の解釈原則に従ってされる。その場合、Aの内心の意思がどうであれ、Gが、AはPのために借入れをしたと考え、そう考えることに正当な理由があったと認められるならば、契約の効果はPに帰属し、Gは、Pに対し返済を求めることができる。信託の場合、受託者の地位にある

---

14) 代理においては、Gが返済を請求することができるのは、AまたはPのいずれか一方であるのに対し、信託においては、返済義務を負うのはいずれにせよTである、という違いがある。しかしながら、Gは、行為者（AまたはT）の固有財産以外の財産を債権の引当てにすることができるか、という点では問題が共通する。

Ⅱ 受託者の行為による信託財産の「変動」

Tの行為の効果が信託財産に帰属するか否かは、Tの信託財産のためにする意思の有無によって定まり、その表示が問題とされることはない。しかしながら、その意思の有無は、法的評価の対象となるものであるから、Tの純粋に内心の状態によってではなく、外部に現われた諸事情から判断される[15]。そうであれば、それらの事情から、GがTは信託財産のために借り入れたと考え、かつ、Gがそう考えたことに正当な理由があったと認められるときは、その契約の効果は信託財産に及ぶ、すなわち、Tの債務は信託財産責任負担債務になるとすべきである。

5 Tによる物の購入（有償の財産取得）

[設例2-4]
　Tが、Gとの間で、Gの所有する物（丙）につき売買契約を締結した。

この例では、どのような場合に、Tの代金債務（Gの代金債権）が信託財産責任負担債務（にかかる債権）となり、丙が信託財産に属する財産となるかが問題になる。

信託財産につき財産の取得と義務の履行の責任が問題になる点は、[設例2-1]および[設例2-2]と同じである。もっとも、[設例2-1]および[設例2-2]と[設例2-4]とでは、GT間の契約による信託財産の変動について、次の違いがあると思われる。

[設例2-1]および[設例2-2]では、Tのした契約の効果として、目的物が信託財産から当然に流出する。その代償として、代金債権が信託財産に帰属することとなる（信託16条1号）。そうであれば、T

---

15) 村松ほか76頁注1参照。

第2章　受託者

【表2-4】

		Tの信託財産のためにする意思		
		あり		なし
		G：知	G：不知	
受託者の権限	あり	代金：信託債務 丙：信託財産 ㋐		代金：固有債務 丙：固有財産 ㋔
	なし　G：悪意重過失	代金：信託債務 丙：信託財産 ㋑	代金：固有債務 丙：固有財産 ㋓	代金：固有債務 丙：固有財産 ㋕
	なし　G：上記以外	代金：信託債務 丙：信託財産 ㋒		

が負う引渡義務や登記義務等の契約上の債務について、信託財産責任負担債務となるか否かを別個に考えることは不自然であり、実益もない。そこで、Tの「信託財産のためにする意思」を問題とする必要はない（**3**(2)参照）。

　[設例2-4]では、Tが取得する丙が信託財産に属するかどうかを直接定める規定は、信託法に存在しないと思われる[16)17)]。また、Gは、丙がTの財産のうち信託財産に属することになるのか、固有財産に属するのかについて、利害関係を有しない。さらに、信託財産が増え

---

16)　Tが代金を信託財産に属する金銭から支払えば、信託法16条1号により、丙は信託財産に属する。

Ⅱ 受託者の行為による信託財産の「変動」

るという効果だけをとれば、契約がＴの権限違反行為であっても、受益者Ｂに契約取消権を認める理由はない。

これに対し、Ｔの代金債務が信託財産責任負担債務となるか否かについては、Ｇが利害関係を有し、また、信託法 21 条 1 項 5 号・6 号がこれに関して定めている。さらに、Ｔの債務が信託財産責任負担債務となるならば、契約がＴの権限違反行為である場合には、その負担を免れるためＢに契約取消権を認めるべきときがある。

したがって、[設例 2-4]では、[設例 2-1]および[設例 2-2]と異なり、[設例 2-3]と同じく、ＧＴ間の契約の効果が信託財産に帰属するかどうかは、Ｔの信託財産のためにする意思の有無、その契約についてのＴの権限の有無、およびそれらに関するＧの主観的態様によって定まると解される。そして、その判断のあり方は、**4**において述べたとおりである。ただ、効果の帰属につき分析的にいえば、まず定まるのは、Ｔの代金債務が信託財産責任負担債務となるかどうかである。そして、Ｔの債務が信託財産責任負担債務となる場合に、その反対利益である丙は、信託財産に帰属する[18]。Ｔの債務が信託財産責任負担債務にならない場合には、丙は、信託財産に帰属しない[19]。

---

17) 信託法 16 条 1 号の「その他の事由」に、「受託者が信託財産のためにする意思をもってした契約」を含めれば、信託法 16 条 1 号がこれにつき定めていることになる。しかしながら、負担を伴わない贈与であればともかく、有償行為の場合にそのように解すると、Ｔの権限違反行為の場合であっても、代金債務が、Ｇの認識にかかわらず当然に、信託財産責任負担債務になるとすべきことになる。これが適当であるか、疑問である。また、贈与も、Ｔに信託財産のためにする意思があるだけでなく、Ｇにも当該財産を信託財産に帰属させる意思があってはじめて「信託財産のためにされた」ものとなり、その財産が信託財産に属することになるだろう。
18) この場合が、信託法 16 条 1 号の「その他の事由」に該当すると解される。

第2章 受託者

6 信託財産に属する財産の保存または改良

　以上に述べたところによると、受託者Tのした契約の効果が信託財産に帰属するかどうかは、一般的には、その契約についてのTの権限の有無、Tの信託財産のためにする意思の有無と、それらについてのGの主観的態様によって定まる。もっとも、契約がTの有する財産につき権利を設定し、またはその財産を移転するものである場合には、その財産が信託財産に属するときは、その契約の効果は当然に信託財産に帰属する。行為の性質上その効果が信託財産に当然に及ぶため、Tの自己のために行為をする自由の保障に配慮する必要がないからである。

　ところで、行為の性質上信託財産に効果が当然に及び、Tの自己のために行為をする自由の保障に配慮する必要がないと考えられる契約は、ほかにもあると思われる。たとえば、Tが信託財産に属する甲の修理をGに依頼し、Gがその修理をした場合のように、信託財産に属する財産の保存または改良のための契約は、これにあたる。上の例では、Gの給付の結果は、Tの意思にかかわらず、事実として当然に信託財産に生ずる。そうであれば、その反対給付であるところの代金債務も、Tの意思にかかわらず（したがって、Gの認識を問わず）、信託財産責任負担債務になるとすることが適当であると思われる。

19）Tが売主（財産の移転または権利の設定をする立場）となる契約についても、種類物売買のように、その契約によってTの有する財産が移転される（、またはその財産に権利が設定される）のでなければ、その契約による信託財産の変動については、ここに述べたように判断されることになる。

III 受託者の「権限の濫用」

1 はじめに

　受託者は、信託財産に属する財産の管理または処分をする権限、および信託の目的の達成のために必要なその他の行為をする権限を有する（信託26条本文）。そして、受託者が権限に属する法律行為（以下、契約を例にとる）を信託財産のためにしたときは、その契約の効果が信託財産に及ぶ。受託者が信託財産に属する財産を売却した場合、その財産は信託財産でなくなり、売却代金（債権）が信託財産となる。受託者が信託財産のために金銭を借り入れた場合、その金銭は信託財産に属し、返還債務は信託財産責任負担債務となる。

　では、受託者が、それらの契約を、金銭を着服または流用する目的でした場合はどうか。その契約は、受託者の権限の客観的範囲に属するとしても、権限が与えられた趣旨に適合しない。この場合、その契約の効力が信託財産に及ぶかどうか、ひとまず及ぶとしても、信託財産の保護のためその効力が（後に）否定されることはないかが、問題とされてよいはずである（受託者が権限付与の趣旨に適合しない契約をした場合、受託者に善管注意義務または忠実義務の違反があることが普通であろう。もっとも、以下において検討するのは、それらの義務の違反の効果として契約の効力の否定が認められるかではない。善管注意義務違反または忠実義務違反に該当する行為が、その違反を理由としてではなく、

第 2 章　受託者

別の理由（法理）により効力を否定されることは、ほかにも例がある。以下において比較検討の対象とする代理権の濫用は、代理人または法人代表者の善管注意義務または忠実義務に違反する行為に通常該当するが、判例上、その違反の効果としてではなく、別の法理によって代理行為としての効力の否定が認められてきた（改正民法では、この判例法理が 107 条において明文化されている））。以下において、この問題を、事柄の類似性が認められる代理権の濫用の問題ととくに比較しつつ、検討する[20]。

この問題に関して、次の 3 点を検討する。

第 1 に、受託者のした契約が、権限のある行為か、権限違反の行為かは、どのようにして定まるか。

第 2 に、受託者のした契約が権限違反にあたらないとされる場合に、そうであっても、その契約の効力が否定されることはないか。あるとすれば、それはどのようなときか。

第 3 に、第 2 の問題につき効力が否定されるべき場合があるならば、そこにいう「効力の否定」とは何か。また、その効力は、どのような法律構成により否定されるか。

これらの検討に際しては、次の例を適宜用いる。

[設例 2−5]
　Ｓが、不動産、有価証券、預金等を信託財産としてＴに譲渡し、Ｓの配偶者 B_1 の生存中は運用益または元本からその生活に必要な額を B_1 に与え、B_1 が死亡したときは、その時点で残っている信託財産を B_2 に与えるものとする遺言を残して、死亡した。その遺言には、Ｔは、信託財産に属する建物の修繕のためなど必要がある場合には金銭を借り入れてもよい旨が記されていた。

---

20) この問題については、能見善久＝道垣内弘人編『信託法セミナー 2』（有斐閣、2014）163 頁以下参照。

Ⅲ 受託者の「権限の濫用」

> [1] Tは、信託財産に属する甲土地を、代金を着服する目的で、Aに1億円で売却した。
> [2] Tは、自己の取引先に対するCの債権1億円のために、信託財産に属する乙土地を目的とする抵当権を設定した。
> [3] Tは、自らの事業資金を得るために、Dから、信託財産に属する丙建物の修繕のため必要と説明して1億円を借り受けた。
> [4] Tは、知人Eの依頼を受けてその資金繰りに協力することにし、Eから、E所有の丁土地を相場価格で信託財産のために買い受けた。

2 受託者の権限の有無

(1) 信託財産に属する財産の管理または処分の場合

上記のいずれの例においても、まず、Tのした契約が、その受託者としての権限に属するものかどうかが問題になる。その際、[1] および [2] と [3] および [4] とを、ひとまず区別して考える必要がある。

[1] の売買と [2] の抵当権の設定は、「信託財産に属する財産の……処分」（信託26条本文）にあたる。そのため、信託法26条本文の文言からすれば、それらは、Tが受託者として権限を有する行為となる。

もっとも、[設例2-5] では、信託の目的は、B_1 または B_2 に財産的利益を与えることにある。ところが、[1] の売買も [2] の抵当権の設定も、B_1 らの利益につながらず、むしろ利益を損なうことにな（りう）る。受託者に信託財産にかかる行為をする権限を認めるのは、信託の目的を達成することができるようにするためである。そうであれば、受託者が信託の目的の達成を妨げうる行為をすることは、本来、許されない。問題は、「許されない」ということの意味である。おそ

第2章 受託者

らく一般的な見解は、信託財産に属する財産の管理または処分は、信託行為に別段の定めがなければ（信託26条ただし書）、信託の目的の達成を妨げるものであっても、受託者の権限違反にならず、善管注意義務その他の義務違反になりうるだけであるとする[21]。これによると、[1] の売買および [2] の抵当権の設定は、信託法27条による取消しの対象にならない。

それに対し、受託者は、信託財産に属する財産の管理または処分も含めて一般的に、「信託の目的の達成のために必要な行為」をすることができるとする見解もある[22]。受託者への権限付与の上記趣旨、および、当該行為が信託の目的の達成にとって不要または有害であることを知り、または重大な過失によりこれを知らない相手方の保護の不要性からすれば、この見解には合理性が認められる。そこで、信託法26条の文言との整合性を考慮して、信託行為において定められる信託の目的が受託者の権限の制限を導きうる（信託26条ただし書）、とすることが考えられてよいのではないか。このように信託の目的による受託者の権限の制限を認める場合には、[1] および [2] と [3] および [4] とを区別して考える必要は、さほどないこととなる[23]。

(2) 「信託の目的の達成のために必要な行為」

[3] の金銭の借入れと [4] の土地の購入は、信託財産に属する財産の管理または処分に該当しない。そのため、Tは、「信託の目的の

---

21) 寺本103頁、村松ほか74頁。
22) 道垣内78頁。
23) 信託の目的の定めも信託行為による権限の制限に該当しうるとする場合には、主張立証責任に違いが生ずる。すなわち、信託財産に属する財産の管理または処分については、信託財産の変動を争う者が、信託の目的の定めによる権限の制限を主張立証しなければならない。それ以外の行為については、信託財産の変動を主張する者が、「信託の目的の達成のために必要な行為」であることを主張立証しなければならない。

Ⅲ　受託者の「権限の濫用」

達成のために必要な行為」にあたる場合に、それを受託者としてする権限を有する。問題となるのは、「信託の目的の達成のために必要な行為」かどうかはどのようにして判断されるのか、である。

当該契約の結果から現実に「必要な行為」であったかどうかを判断することは、適当ではない。そのようにすることは、契約の相手方の利益を害しうるだけでなく、受託者に信託財産のために行為をすることを躊躇させ、信託事務の円滑な処理を妨げ、信託財産、ひいては受益者の利益を損なうことになりかねないからである。

そこで、「必要な行為」かどうかは、契約締結の時点で判断すべきことになる。問題となるのは、その判断を、もっぱら契約の外形から客観的にするのか、当該契約の実質を考慮してすることがあってもよいのか、である。

「目的」に照らして法的効力が認められる範囲が定まるものに、法人のための行為がある。民法34条がこれを定めているところ、同条の「目的の範囲」、したがって理事等の代表者が法人のためにした行為が法人に効力を生ずるかどうかについては、行為の客観的性質に則して抽象的に判断すべきである、とするのが判例・通説である[24]。民法34条については、代表者の代理権の範囲を定めるものとする見解もあるものの[25]、法人の権利能力の範囲を定めるものであるとするのが判例・通説である[26]。この判例・通説によっても、代表者が法人のためにした契約の効力が認められるかどうかは、法人の目的により判断されることになるが、そこで問題となる効力とは、法人がそもそも権利を取得し、または義務を負担することができるかどうかである。受託者の権限の範囲の問題は、この点で異なっており、同様の

---

[24]　最二判昭和27・2・15民集6巻2号77頁、我妻榮『新訂民法総則』（岩波書店、1965）157頁。

[25]　四宮和夫＝能見善久『民法総則〔第9版〕』（弘文堂、2018）119頁。

[26]　最大判昭和45・6・24民集24巻6号625頁、我妻・前掲注24）156頁。

第2章 受託者

判断をすべき理由はない。

　もっとも、法人代表者以外の代理人、すなわち任意代理人と法定代理人についても、代理権の範囲は、客観的に（行為の種類によって）定められ、行為がされるに至った具体的事情によって左右されるものではない。代理権は、通常、本人の何らかの利益をはかるために付与されるが、ある契約についての代理権の有無がその目的を考慮して判断されることはない。（一定額までの）金銭の借入れや物の取得につき代理権があるかどうかが判断され、その契約の内容が代理権付与の趣旨に適合するかどうか（反しないかどうか）、その契約をする代理人の意図はどうか、その契約をすることが代理人の義務に照らして相当かどうかなどは、代理権の有無の判断に影響しない。このように、権限の有無を定めるにあたって行為の実質が考慮されないのは、そのようにしなければ、代理行為の効力を安定的に判断することができず、相手方の利益および取引の安全を害することになりかねないこと、相手方の利益と取引安全に対するそのような配慮を欠くと、代理人を介した取引（の円滑）を妨げることになりうるからであると思われる。

　受託者の権限についても、同じように考えることは可能である。しかしながら、受託者の権限は、代理人の権限と異なり、その有無が、法律上、（信託財産に属する財産の管理または処分を除いて）信託の目的の達成のための必要性を考慮して定まるとされている。この必要性は、信託が、通常は、単一または特定の事柄を実現するためのものではないため、信託行為の解釈によってしか明らかにならない。その解釈は、信託の目的は信託行為の条項に明示されているものに限られるものではないため、緩やかに（権限を広く認める方向で）しなければ、受託者が必要と考える行為を躊躇しがちになり、信託の適切な運営を妨げることになりかねない。そのような緩やかな解釈は、権限の有無を行為の種類ごとに定めることによってではなく、当該行為の実質を考慮してこそ可能になることもあるだろう。行為の実質をも考慮して受託者

III 受託者の「権限の濫用」

の権限の有無を定める場合、行為の相手方が不安定な地位に置かれる可能性がある。しかしながら、相手方が信託の目的を明確に知ることは容易ではなく、権限の範囲を客観的に定めることによっても、相手方の信頼の保護をさほどはかれるわけではない。相手方の保護は、受託者の行為が権限違反とされる場合にその行為の受益者による取消しの要件となる、相手方が権限違反であることを知らなかったことについての重大な過失（信託27条1項2号・2項2号）をたやすく認定しないことによって、はかるべきではないかと思われる[27]。

このように考えるとしても、行為の実質がどのように考慮されるべきかを明確にすることは難しい。ただ、受益者のある信託は、通常、受益者に利益を与えることが根本的な目的であり、信託財産を益するところのない行為が信託の目的の達成のために必要な行為にあたらないことは明らかであろう。そうであれば、[2] の抵当権の設定は、Tの権限違反行為となる。[1] の売買と [3] の金銭の借入れも、Tが受け取る金銭は、法的には信託財産となるべきものであるが、Tの意図からして現実に信託財産となるとは考えられないから、信託財産を益するところがなく、Tの権限違反行為となる。これに対し、[4] の売買は、信託財産が多様な財産から構成されることは信託にとって好ましいこともある（信託財産を運用してその収益を受益者に分配する信託では、それが通常である）ため、相場価格での丁土地の取得について、信託財産を益するところがないと一般的にいうことはできない。そのため、Tの動機にもかかわらず、丁土地の取得は、当該信託にとって益するところがないとする具体的事情がなければ、Tの権限違反行為にならない。

---

27) 佐久間・前掲注6) 45頁以下も参照。

第2章 受託者

3 受託者の「権限の濫用」

(1) 問題の所在

もっとも、[1] や [2] のような信託財産の管理または処分については、受託者はそれをする権限を有し、信託の目的の定めが受託者の権限に関する信託行為の別段の定めに該当するものでもない、とする見解がある（2(1)参照）。また、「信託の目的の達成のために必要な行為」であるかどうかは、行為の客観的性質に則して抽象的に判断されるとし、[3] の金銭借入れについて、Tは、必要がある場合には金銭を借り入れることができるとされていることから、これをする権限を有するとする立場がありうる。[4] の売買についても、信託財産の運用として不動産を取得することが認められるならば、丁土地の取得が信託財産につき現実にもつ意味に関わりなく、Tの権限内の行為であるとする立場がありうる。

以上のように考える場合であっても、[1] から [4] までのいずれについても、Tのした契約の効力が確定的に信託財産に及ぶとまではいえない。代理については、代理人が権限を有する行為をした場合であっても、利益相反にあたるときや代理権の濫用とされるときには、その行為の効力が否定されることがある（改正民法107条、108条2項参照）。受託者の行為についても、これと同様に、権限には属するが、その行為の実質に鑑みて、一定の要件の下で効力が否定されることがあってもよいはずだからである。

このように考える場合には、三つのことが問題になる。

第1に、受託者の権限に属する行為であるにもかかわらず、その効力が否定されてもよいのはどのような場合か。

第2に、その場合に、「効力の否定」とは何を意味するか。

第3に、その「効力の否定」の根拠となる規定または法理は何か。

Ⅲ　受託者の「権限の濫用」

これらについて、他人の利益をはかるために権限を与えられる点で受託者と共通する代理人の場合と比較しつつ、検討する。

(2) 代理人の「権限の濫用」となる場合

代理人については、代理権の範囲は客観的に（行為の種類によって）定められるものの、その範囲に属する契約であっても、自己契約または双方代理の場合（民法108条、改正民法108条1項）やその他の利益相反に該当する場合（民法826条、860条本文、改正民法108条2項）には、例外とされる（改正民法のもとでは、無権代理行為とみなされる）。さらに、いわゆる代理権の濫用の場合も、相手方の主観的態様次第でその効力が否定される（改正民法107条では、無権代理行為とみなされる）。

代理権の濫用となる場合について、改正民法107条は、「自己又は第三者の利益を図る目的で代理権の範囲内の行為をした場合」としている。現行民法下の判例は、任意代理と法人代表者による法人の代理（以下、この場合を指して「法人の代理」と呼ぶ）については、同条と同様であるが[28]、親権者による法定代理権の濫用については、「子の利益を無視して自己又は第三者の利益を図ることのみを目的としてされるなど、親権者に子を代理する権限を授与した法の趣旨に著しく反すると認められる特段の事情が」ある場合としている[29]。

これによると、一見、代理権の濫用となる行為は代理権の種類により異なるかのようである。

もっとも、任意代理と法人の代理においても、代理権の濫用とされるのは、代理人が本人の利益を蔑ろにする契約であり、本人の利益と

---

[28]　任意代理人の代理権の濫用につき最一判昭和42・4・20民集21巻3号697頁、株式会社の代表取締役の代理権の濫用につき最一判昭和38・9・5民集17巻8号909頁。
[29]　最一判平成4・12・10民集46巻9号2727頁。

第2章　受託者

あわせて自己または第三者の利益もはかろうとした場合に、代理権の濫用にあたるとされることはないと思われる。

また、単発の任意代理の場合はともかくとして、代理行為が継続的または反復的にされることが予定されている場合には、ある契約だけをとれば本人の不利益において第三者の利益をはかるものであっても、その契約が過去に本人がその第三者から得た利益の見返りにあたるものであったり、当該第三者との間の良好な関係の形成が本人の利益につながるとしてされたものであったりするときには、代理権の濫用とされることはないはずである。

さらに、代理権は、本人の利益をはかるために与えられるものであるから、本人の何らの利益もはかろうとするものでない契約は、代理権授与の趣旨に反するといえる。ところが、代理権の濫用とされるのは、自己または第三者の利益をはかるためにされた行為である。これは、本人の利益をはかろうとするものではないというだけで代理人のした行為の効力を否定することは、代理権の範囲を客観的に定め、行為の実質を考慮しないこととした意味を失わせることになるからであると思われる。

以上によると、代理一般において、代理人のした代理権の範囲内の行為は、代理権授与の趣旨に著しく反すると認められる事情がある場合に、代理権の濫用になるとされていると考えられる。

(3) 受託者の「権限の濫用」となる場合

信託は、信託の目的を達成するために設定されるものである。したがって、受託者に信託財産にかかる権限が与えられる趣旨は、信託の目的を達成することにある。信託の目的は、具体的には信託ごとにさまざまであるが、受益者のある信託においては、通常、受益者に利益を与えることが根本的な目的であるといえるだろう。そうであれば、受託者は、受益者に利益を与えるために、信託財産にかかる権限を与

III 受託者の「権限の濫用」

【表 2-5】 権限の濫用となる場合

代理人としての行為	受託者としての行為
代理人が、自己または第三者の利益を図る目的で代理権の範囲内の行為をした場合。 ＝代理権授与の趣旨に著しく反する場合。	受託者の権限の範囲に属する行為であるが、受託者への権限付与の趣旨に著しく反する場合。

えられることになる。したがって、受益者の何らの利益もはかるものではない行為は、受託者の権限の客観的範囲に属するものであっても、その権限の付与の趣旨に反し、実質的には権限の行使と認められないとする余地がある。ただ、受益者の利益をはかるものではないことを理由に行為の効力を否定することは、「信託の目的の達成のために必要」と認められないため行為の効力を否定することと変わりがないから、「信託の目的の達成のために必要な行為」であるかどうかは行為の客観的性質に則して抽象的に判断される、とする立場と整合しない。それに対し、受託者への権限の付与の趣旨に反する程度が著しい場合には、受益者の利益を保護すべき度合いが強く、行為の相手方の主観的態様次第で、例外的に行為の効力が否定されてよいはずである（以下、この場合を「受託者の権限の濫用」という）。具体的には、信託財産を害する意図をもってされる行為、または、受益者以外の者の利益をはかるために信託財産に不利益を被らせる行為が、受託者の権限の濫用とされてよいと考えられる。

これによると、[1]の売買、[2]の抵当権の設定、[3]の金銭の借入れは、Tによる受託者の権限の濫用となる。[4]の売買は、Tに信託財産を害する意図はなく、また、信託財産に不利益を被らせるものでもないから、権限の濫用にはならない。

第2章　受託者

4　受託者の「権限の濫用」行為の効力

(1)　代理権濫用行為の効力

　受託者の権限の濫用の場合には行為の効力が否定されうるとするときには、どのような法律構成により、どのような場合に、効力がどのように否定されるのかが問題になる。

　法律構成としては、信託法27条の適用、同法31条7項の類推適用、民法93条ただし書（改正民法93条1項ただし書）の類推適用が考えられる[30]。

　このうち、信託法27条の適用については、2(2)において述べたとおりである。また、同法31条7項の類推適用は、受託者の権限の濫用は受託者の忠実義務違反の一種であることから、もちろん考えうるが、同項は同法27条を準用しているため、実質は同条の適用と変わらない。そこで、以下では、民法93条ただし書（改正民法93条1項ただし書）の類推適用という考え方によればどうなるかを検討する。

　民法93条ただし書（改正民法93条1項ただし書）の類推適用によると、受託者の権限濫用行為は、相手方が権限の濫用であることを知り、または知ることができたときに「無効」となる。ここでは、「無効」の意味と、その「無効」が認められるための要件（相手方の悪意または有過失）の当否が問題となる。

　代理権の濫用について、現行法下の判例は、代理一般につき民法93条ただし書の類推適用により問題を処理している[31]。その場合の

---

[30]　能見＝道垣内編・前掲注20) 163頁以下。なお、代理権の濫用については、民法93条ただし書を類推適用する現行法下の判例法理が改正民法107条において明文化されたということができる。したがって、改正民法のもとでは、改正民法93条1項ただし書の類推適用とすることのほか、同法107条の類推適用とすることも考えられる。

III 受託者の「権限の濫用」

「無効」とは、契約の無効ではなく、代理人としての行為の無効、すなわち無権代理と同じ扱いをする、というものである（改正民法107条においては、代理権濫用行為は、相手方が悪意または有過失のときは、無権代理行為とみなされる）。これは、形式的には代理権の行使にあたるものの、代理人が背任意図をもってする行為であるという実質を考慮して、形式どおりの法律関係を認めないとするのが代理権濫用の法理であるから、代理権の存在ゆえに認められる効果を否定することで十分であることによる。

もっとも、代理権濫用行為が無権代理と同じ扱いがされるのは、相手方が、代理の効力が否定されるべき原因を知り、または知ることができた場合であるため、表見代理の成立も、現行民法のもとでは民法117条の無権代理人の責任も、認められることはない[32]。

また、無権代理であるため契約の効果が本人に帰属しない場合と、代理権濫用であるため無権代理と同一に扱われる場合とでは、現行民法下の判例では、契約の相手方から目的物を転得した者など第三者の保護について違いがある。たとえば、目的物が不動産であるときには、転得者たる第三者は、民法94条2項の類推適用により保護されうることになる。この類推適用がされるために、無権代理の場合には、無権代理の相手方の権利の外形（たとえば相手方名義の不動産登記）が存在することにつき、無権代理の本人がその存在を事後的に承認したことを典型とする、本人の帰責性を根拠づける個別的事情が必要になる。これに対し、代理権の濫用の場合には、本人の帰責性を個別に問うことなく、同項を類推適用し、善意の第三者を保護するのが判例であ

---

31) たとえば、前掲注28) および29) に挙げた最高裁判決。
32) 改正民法のもとでは、代理権の濫用であること（代理人の自己または第三者の利益をはかる目的）を過失によって知らなかった相手方は、改正民法117条による無権代理人の責任を追及することができる（同条2項2号ただし書参照）。

る[33]。相手方の主観的態様次第で無権代理と同じ扱いがされるといっても、代理権の行使により利益を享受する本人は、その悪用による不利益も本来引き受けるべきであり、その点で無権代理の場合と異なる。現行民法のもとでの上記判例は、第三者に対する関係では、無権代理と代理権の濫用のこの違いを考慮したものであると思われる[34]。

(2) 受託者の「権限の濫用」行為の効力

受託者の権限の濫用について、代理権の濫用に関する以上の判例と同様の考え方をするならば、その効力は、次のようになる。

まず、受託者の権限の濫用行為は、受託者の権限に属する行為であるが、契約の相手方が権限の濫用であることを知り、または知ることができたならば（ただし、後述(3)参照）、受託者にその契約をする権限がなかった場合と同様に扱う、ということになる。受託者は、権限の濫用の場合、ここでの前提によれば権限に属する契約を、その効果を信託財産に帰属させる意思（信託財産のためにする意思）をもってする。そのため、契約の効果は、原則として信託財産に帰属する。そのうえで、受託者の権限違反と同様に扱うのであるから、受益者は、相手方の主観的態様次第でその契約を取り消すことができるとされることになると思われる。

次に、契約の相手方からの転得者など第三者は、相手方の権利を信じたのであれば、その後に受益者による上記取消しがされた場合であっても、保護されるべきことになる。[1]でいえば、A名義で登記

---

33) 最二判昭和44・11・14民集23巻11号2023頁。
34) もっとも、改正民法においては、代理権の濫用であるとして無権代理行為とみなされる場合につき、転得者保護に関する規定は設けられていない。そのため、当否はともかくとして、無権代理の場合と代理権濫用の場合とで、転得者保護に関して違いはないと解することが素直である。

Ⅲ 受託者の「権限の濫用」

【表2-6】 権限濫用行為の効力

	代理人としての行為	受託者としての行為
権限がある場合	本人に効果が帰属	信託財産に効果が帰属
権限がない場合	原則：本人に効果が帰属せず 例外：表見代理の成立可能性	原則：信託財産に効果が帰属 例外：受益者による取消可能性
権限濫用の場合	原則：本人に効果が帰属 例外：権限がない場合と実質的に同様に扱う	原則：信託財産に効果が帰属 例外：権限がない場合と実質的に同様に扱う
権限濫用の場合における転得者等の保護	民法94条2項の類推適用 現行民法下：外観存続に対する本人の帰責性不要（判例） 改正民法下：外観存続に対する本人の帰責性必要？	取消しの対抗の可否 取消前の第三者の場合：善意の第三者に対抗することができない 取消後の第三者の場合：民法177条等の適用

されている甲土地をAから買い受けた者（Fとする）は、その登記から、甲土地はAの所有に属すると売買の当時に信じていたのであれば、甲土地の所有権取得をB_1またはB_2による取消し（の遡及効）により覆されることはない、ということである。

代理権の濫用の場合には、無権代理と同様に扱われる結果、契約の効果が本人に帰属しないため、契約の相手方は目的物の所有権を取得することができない。そのため、第三者は、無権利者との間で権利取得行為をしたことになり、その保護のために民法94条2項が類推適用される。もっとも、その際、先に述べたとおり現行法下の判例は、第三者が善意であれば、本人の帰責性を個別に問題とすることなく、

第2章　受託者

第三者を保護している。

　これに対し、受託者の権限の濫用の場合には、上述のとおり、相手方（[1]でいえばA。以下同じ）は、いったん目的物（甲土地）の所有権を取得する。そして、第三者（F）は、目的物（甲土地）を、その所有者（A）から取得する。したがって、第三者（F）は、受益者による取消しの前にAとの間で権利取得行為をしたのであれば、権利者との間で行為をしていたことになるから、民法94条2項の類推適用の前提が欠けている。その後に、受益者（B_1またはB_2）が受託者（T）と相手方（A）との間の売買を取り消したときは、相手方（A）が目的物（甲土地）の所有権を遡及的に失うことになるため、第三者（F）を取消しの遡及効から保護する必要がないかが問題になる。これについては、信託法に根拠となる規定はないが、受益者による取消しは、善意の第三者（相手方が権利を遡及的に失うおそれがあることを知らずに、すなわち、受託者と相手方との間の契約が受託者の権限の濫用であることを知らずに、取消しの目的物につき法律上の利害関係を有するに至った者）に対抗することができないとすべきである[35]。そうすることで、受託者の権限の濫用を、代理権の濫用に関する現行民法下の判例と同じ考え方で処理することになるからである[36][37]。

---

[35]　信託法27条または同法31条による取消しにつき一般的に、その取消しは善意の第三者に対抗することができないとすることが考えられてよいことにつき、佐久間・前掲注6) 50頁。

[36]　改正民法においては、意思表示または法律行為の無効または取消しを転得者など第三者に対抗することができるかどうかにつき、規定が整備された。その結果、改正民法では、無効または取消しを主張する者の帰責性の程度に応じて、第三者が保護される場合が定められることになったということができる。すなわち、強い帰責性のある表意者（権利者）との関係では、第三者は善意であれば保護され（同法93条2項、94条2項）、比較的弱い帰責性のある表意者（権利者）との関係では、第三者は善意無過失のときに保護される（同法95条4項、96条3項）。表意者（権利者）に帰責性があるとすることが適当

Ⅲ 受託者の「権限の濫用」

(3) 権限濫用行為の相手方の主観的態様

　代理権の濫用の場合、代理行為としての効力が否定されるのは、相手方が代理権の濫用であることを知り、または知ることができたときである。これを、無権代理行為の効果が本人に帰属するのと結果的に同じことになる表見代理の成立要件と比べれば、とくに法人の代理につき、相手方の保護要件が大きく異なる。

　無権代理一般においては、主張立証責任を度外視すれば、相手方が代理権のないことを知り、または知らないことにつき過失があるとき

　でないときは、第三者は、善意無過失であっても保護されない（意思無能力による無効、制限行為能力を理由とする取消しまたは強迫を理由とする取消しの場合）。

　これに関して、受託者の権限の濫用を理由に受託者のした契約を取り消す受益者は、その利益を受託者により代表されるものであることから、受託者の行為の不利益な結果も本来負うべき立場にある。そうであれば、受託者の契約相手方の主観的態様の結果として契約を取り消すことができる場合であっても、第三者との関係では、受益者は、受託者の権限濫用という強い悪性を引き受けなければならない。このように考えるならば、第三者は、善意であれば、保護されるべきである。

　なお、改正民法では、代理権濫用行為が無権代理行為とみなされる場合について、第三者保護規定が設けられていない。これにより、代理権濫用行為の場合、本人は、改正民法107条による当該行為の効果不帰属を、善意（無過失）の第三者に対しても主張することができるとされることが考えられる。しかしながら、それが妥当な解釈であるかには、疑問がある。また、代理権濫用行為についてそのように解されるとしても、代理権濫用行為の効果は無権代理行為の擬制、すなわち本人への効果不帰属であるのに対し、受託者の権限濫用行為の効果は受益者による取消しである、という違いがある。そのため、受託者の権限濫用行為については、その取消しの第三者に対する主張の可否を、意思表示または法律行為の取消しの場合との比較において考えることができると思われる。

37) [1]において、受益者B_1またはB_2がTA間の売買を取り消した後に、第三者FとAとの間で甲土地の売買がされていた場合には、いわゆる「取消しと登記」の問題となり、民法177条が適用されることになる。佐久間・前掲注6) 50頁では、信託法27条または31条による取消しの場合につき、これと異なる旨（民法94条2項が適用される旨）を述べていたが、改める。

(知ることができたとき)は、表見代理は成立せず、本人は無権代理行為の効果を引き受ける必要がない（民法109条、110条、112条）。代理権の濫用の場合に、相手方が代理権の濫用であることを知り、または知ることができたときに代理行為としての効力が認められないことは、これに対応している。ところが、法人の代理の場合には、代表者の包括代理権に加えた制限は、一部の例外[38]を除き、善意の第三者に対抗することができない[39]。これに対し、法人代表者による代理権の濫用の場合には、相手方が代理権の濫用であることを知っていたときだけでなく、知ることができたときも、法人はその効果の帰属を否定することができる。

現行民法の下で、代理権の濫用の場合に民法93条ただし書を類推適用することに対しては、親権者等による法定代理を除き、相手方に軽過失があるだけでその保護を否定することは妥当でないとする批判がある[40]。とくに法人代表者による代理権の濫用については、代理権の内部的制限は過失の有無を問わず善意の第三者に対抗することができないとされていることとの権衡を失する、との批判が強い[41]。

もっとも、無権代理の場合と代理権の濫用の場合の権衡に関しては、次のような見方も可能である。

無権代理行為の効果は本人に帰属しないのに対し、代理権の濫用の場合は、行為の効果が本人に帰属することが原則である。そうであれ

---

[38] いわゆるNPO法人の理事については、定款をもってその代表権を制限することができるとされ（NPO法16条）、その制限を（善意の）第三者に対抗することができない旨の規定は存在しない。社会福祉法人の理事についても同様であったが、平成28年社会福祉法改正により、機関構成が変更されたうえで、理事長の権限に加えた制限は善意の第三者に対抗することができないこととされた（社会福祉法45条の17第2項）。

[39] たとえば、一般法人法77条5項、会社法349条5項。

[40] 四宮和夫『民法総則〔第4版補正版〕』（弘文堂、1996）241頁。

[41] 星野英一『民法概論I』（良書普及会、1971）136頁、辻正美『民法総則』（成文堂、1999）296頁。

Ⅲ　受託者の「権限の濫用」

ば、相手方は、後者の場合のほうがより厚く保護されてよいことになる。もっとも、この違いは、代理権の範囲は客観的に定まるという、形式論を前提として生ずるものである。これに対して、実質をみれば、代理権の濫用も無権代理と同じく本人との関係で正当化されない行為であり、本人は無権代理の場合と同様の保護を受けてよいと考えることもできる。こう考えるならば、代理権の濫用の場合も、無権代理の場合と同じく、(主張立証責任の所在はさておき) 本人との関係で正当化されない行為であることを知り、または知ることができた相手方に対しては、本人の保護を優先させるとすることもありうる。法人代表者の代理権の内部的制限は、確かに、重過失のある善意者にも対抗することができないことが一般的である。しかしながら、それは、法人代表者の代理権の客観的範囲 (包括的な代理権) に対する信頼の保護をとくに強めたものであり、行為の実質を考慮する際に、別の考慮 (他の代理と同様の考慮) をすることの妨げになるものではない[42]。

　では、受託者の権限の濫用の場合は、どうか。

　代理権の濫用に関する判例と同様に考えるならば、受託者の権限の濫用を理由とする契約の取消しが認められるためには、契約の相手方が受託者の権限の濫用を知り、または知ることができたことが必要であることになる。

　ところが、受託者の権限違反または利益相反を理由とする信託法27 条または 31 条 7 項による取消しは、相手方の悪意または重大な過失が要件とされており、相手方が権限違反等を知ることができたというだけでは認められない。そうすると、権限の濫用の場合のほうが、権限違反等の場合よりも、相手方の保護が薄く、信託財産 (受益者) が厚く保護されるかのようである。そのため、代理権の濫用に関して

---

[42]　改正民法 107 条は、代理の種類を区別することなく、相手方が代理権の濫用であることを知り、または知ることができたときに、代理権濫用行為は無権代理行為とみなされるとしている。

第 2 章　受託者

【表 2 - 7】　相手方の主観的態様

	代理人としての行為	受託者としての行為
権限がない場合	原則：本人に効果不帰属 例外：表見代理の成立可能性 ↓ 相手方が悪意または有過失の場合、本人に効果は帰属しない	原則：信託財産に効果帰属 例外：受益者による取消し可能性 ↓ 相手方が悪意または重過失の場合、受益者による取消しの可能性
権限濫用の場合	権限がない場合と、実質的に同様に扱う ↓ 相手方が悪意または有過失の場合、本人に効果は帰属しない	権限がない場合と、実質的に同様に扱う ↓ 相手方が悪意または重過失の場合、受益者による取消しの可能性

　上に述べた、代理権の行使により利益を享受する本人はその悪用による不利益を引き受けるべきであり、その点で（本人が本来は責任を負わない）無権代理の場合と根本的に異なるという考えは、受託者の権限の濫用についても妥当しそうであるから、それでよいのかが問題となる[43]。

　この点、代理権の濫用については、上述のとおり、法人代表者の代理権の濫用を除き、主張立証責任の所在を除けば、相手方は、無権代理の場合と同様の主観的態様のもとで保護される。つまり、権限濫用の場合のほうが、無権限行為の場合よりも、本人の保護が厚く、相手方の保護が薄いという「逆転現象」は起きない。法人代表者の代理権

---

[43]　道垣内弘人「ぼろは着てもこころの錦（その 2）」法学教室 347 号（2009）75 頁。

Ⅲ　受託者の「権限の濫用」

の濫用の場合には、この「逆転現象」が起きることがあるが、それは、法人代表者の代理権の客観的範囲に対する（包括的な代理権）に対する信頼の保護が、法によりとくに強く認められる結果である。

　これによると、受託者の権限の濫用の場合に、「逆転現象」を認めることは適当ではない。受託者の権限の範囲は、目的達成のための必要性に照らして定まるものであり（信託26条本文参照）、客観的に定まるものではないからである。したがって、受託者の権限の濫用の場合には、信託財産との関係で正当化されない行為である点で権限違反行為または利益相反行為と同じであるとみて、信託財産の保護が図られてよいが、その保護が権限違反行為または利益相反行為の場合を超えるものとされる理由はない。

　受託者の権限違反行為または利益相反行為の場合、信託財産の保護は、相手方がその契約は信託財産との関係で正当化されない行為であると知り、または重大な過失により知らないときに、受益者による取消しを認めることによって、はかられる（信託27条、31条7項）。そうであれば、受託者の権限濫用行為についても、同様に、相手方が受託者の権限の濫用であることを知り、または重大な過失により知らないときに、受益者による取消しを認めることによって、信託財産の保護がはかられるべきである。

5　おわりに

　4(2)において述べたことは、受託者の権限の濫用の場合、代理権の濫用に関する現行民法下の判例と同様の考え方で処理するとしても、効果の点で、現行民法93条ただし書（改正民法93条1項ただし書）の類推適用（または、改正民法107条の類推適用）というだけではすまない、ということである。

　4(3)の最後に述べたことは、受託者の権限の濫用の場合、契約の信

81

第 2 章　受託者

託財産に対する効果が否定されるべき要件の点で、現行民法 93 条ただし書（改正民法 93 条 1 項ただし書）と同じとすること（または、改正民法 107 条と同じとすること）は適当ではない、ということである。

　そうであれば、受託者の「権限の濫用」にあたる場合も信託法 27 条により処理すること（**2**(2)）が、契約の効力を否定することができる者、その否定をすることができる期間等を含めて法的処理が明確になり、適当であると思われる。

Ⅲ　受託者の「権限の濫用」

【表 2-8】　まとめ

	代理人としての行為	受託者としての行為
権限がある場合	本人に効果が帰属	信託財産に効果が帰属
権限がない場合の効果（原則）	本人に効果が帰属せず	信託財産に効果が帰属
権限がない場合の効果（例外）	相手方が善意無過失の場合、表見代理成立の可能性	相手方が悪意または重過失の場合、受益者による取消しの可能性
権限濫用となる場合	代理権の範囲内の行為であるが、代理権授与の趣旨に著しく反する場合	権限の範囲内の行為であるが、権限付与の趣旨に著しく反する場合
権限濫用の場合の効果（原則）	本人に効果が帰属	信託財産に効果が帰属
権限濫用の場合の効果（例外）	権限がない場合と実質的に同様に扱う →相手方が悪意または有過失の場合、本人に効果は帰属しない	権限がない場合と実質的に同様に扱う →相手方が悪意または重過失の場合、受益者による取消しの可能性
権限濫用の場合における転得者等の保護	民法94条2項類推適用 現行民法下：外観存続に対する本人の帰責性は不要（判例） 改正民法下：外観存続に対する本人の帰責性が必要？	取消しの対抗の可否 取消前の第三者：善意の第三者に対抗することができない 取消後の第三者：民法177条等の適用

第2章 受託者

Ⅳ 受託者による信託事務処理の委託

1 はじめに

　受託者は、信託事務を処理する（信託28条柱書、29条1項等を参照）。

　信託事務とは、受託者が受託者としてする事務の一切を指すとされることが一般的である[44]。受託者は、この事務を、とくに認められる場合に限り、第三者にさせることができる（信託28条）。ここにいう第三者とは、一般に、受託法人の従業員など「独立性がない狭義の履行補助者」を除く、受託者以外の者とされている[45]。これによると、受託者は、その地位においてする事務の全部を、その内容や性質に関わりなく、自らすること（自己執行）が原則となる。たとえば、受託者は、受益者に書面を送る場合、それを自ら受益者に届けなければならない。郵便や宅配業者を使うことができるのは、信託法28条の定める場合にあたるときだけである。信託財産としてビルを保有し、これを他に賃貸する受託者は、その警備や清掃を自らしなければならない。専門業者にさせることができるのは、信託法28条の定める場合にあたるときだけである。

---

44)　寺本110頁注4、村松ほか83頁注3。もっとも、能見＝道垣内編・前掲注20）33頁以下に異論もみられる。
45)　寺本109頁、村松ほか83頁。

IV 受託者による信託事務処理の委託

このような理解の基礎には、受託者は委託者の信任を得てその職に就くところ、第三者に事務の処理を委ねることはその信任に背くことになりうるという考えがあるようである。しかしながら、委託者による信任は、受託者が自ら事務を処理することにしか及ばず、受託者が適切と認める者を使って事務を処理することには及ばないのだろうか。また、長期にわたり数多くの事務を処理することも想定される受託者に対し、その処理の仕方を制限することに、合理性はどの程度あるのだろうか。

信託法 28 条が、自己執行の原則を基礎にしていることは明らかである。しかしながら、受託者は、事務処理の範囲を制限されるが（信託 26 条）、処理の仕方は本来その裁量に委ねられてよいと考えること（自己執行の原則の否定）もできるのではないかと思われる。そのように考えることには、とくに次の 2 点において意味がありうる。第 1 に、信託法 28 条 1 号から 3 号の解釈、すなわち信託事務の処理につき第三者の使用が許される範囲である。第 2 に、同条に反する委託がされた場合の効果である。

2 信託法 28 条の定め

信託法 28 条は、ざっくりいえば（厳密には、【表 2-9】参照）、受託者は次のときに信託事務の処理を第三者に委託することができるとしている。①信託行為に委託を認める定めがあるとき、②その定めはないが、信託の目的に照らし相当と認められるとき、③委託を禁ずる信託行為の定めはあるが、やむを得ない事由があるときである。

旧信託法（以下「旧法」という）も、その 26 条 1 項において、受託者が事務処理を第三者に処理させることができる場合を定めていた。信託法 28 条は、旧法 26 条 1 項と、とりわけ次の 2 点において異なるとされている。

第2章 受託者

【表2-9】

信託法 28条	旧法 26条1項	民法 104条	民法 106条	NPO法 17条の2
受託者は、次に掲げる場合には、信託事務の処理を第三者に委託することができる。 一　信託行為に信託事務の処理を第三者に委託する旨又は委託することができる旨の定めがあるとき。 二　信託行為に信託事務の処理の第三者への委託に関する定めがない場合において、信託事務の処理を第三者に委託することが信託の目的に照らして相当であると認められるとき。 三　信託行為に信託事務の処理を第三者に委託してはならない旨の定めがある場合において、信託事務の処理を第三者に委託することにつき信託の目的に照らしてやむを得ない事由があると認められるとき。	受託者ハ信託行為ニ別段ノ定アル場合ヲ除クノ外已ムコトヲ得サル事由アル場合ニ限リ他人ヲシテ自己ニ代リテ信託事務ヲ処理セシムルコトヲ得	委任による代理人は、本人の許諾を得たとき、又はやむを得ない事由があるときでなければ、復代理人を選任することができない。	法定代理人は、自己の責任で復代理人を選任することができる。〔以下、略〕。	理事は、定款又は社員総会の決議によって禁止されていないときに限り、特定の行為の代理を他人に委任することができる。

Ⅳ　受託者による信託事務処理の委託

　第1に、受託者が事務を第三者に委託することができる場合を、実質的に拡大したことである[46]。旧法は、委託者は受託者その人を信頼して信託事務の処理を委ねたということから、自己執行の原則を重くみて、例外を限定的にしか認めていない。しかしながら、社会で分業化・専門化が進んだ現在では、事務の全部を受託者が処理することを前提とすることは現実的ではない。むしろ、適切な専門家等の第三者に委ねることが受益者の利益を増進することもある、と一般に説かれている。

　第2に、規定の性格を、受託者の義務の定めから、権限の定めに変えたことである[47]。そうであれば、この点は、規定に反する委託がされた場合の効果に意味をもちうるはずである。

3　受託者による信託事務処理の第三者委託が許される場合

(1) 信託法28条に関する一般的理解に対する疑問

　上に述べた第1の違いは、受託者は信託事務処理をどのような場合に第三者に委託することができるか、という問題に関するものである。そして、そこに述べられた信託法と旧法との違いは、一般論としては、そのとおりであろう。もっとも、なお次の2点について、疑問を覚える。

---

[46]　寺本109頁。
[47]　寺本109頁、新井監修・前掲注12) 105頁〔行澤〕。文言だけをみれば、信託法28条も、旧法26条1項も、受託者が信託事務処理を第三者にさせることができる場合を定めている。ただ、旧法26条1項は、その前後に受託者の注意義務、損失補償義務、分別管理義務とそれらの違反の効果等に関する規定が置かれていたこと、英米法において伝統的に受託者の自己執行義務が認められてきたことなどから、受託者の義務に関するものと理解されていた。それに対し、信託法28条は、「受託者の権限」と題する第3章第1節に置かれている。

第 2 章 受託者

　まず、委託者は受託者その人を信頼したということから自己執行の原則が導かれることになるのか、という点である。委託者はその人であるからこそ受託者とした、受託者はその信頼に応えるべきである、ということに異論はなかろう。しかしながら、委託者が寄せた信頼は、受託者自身による事務処理に限られ、受託者が適切と判断した方法での事務処理、たとえば、受託者が適切と判断する第三者を利用して事務を処理することには及ばない、したがって、受託者が事務を自ら処理することが（義務としてであるにせよ、権限としてであるにせよ[48]）原則となることは、いったいどこから出てくることなのだろうか[49]。

　次に、旧法 26 条 1 項は、確かに、信託行為に別段の定めがある場合と、やむを得ない事由のある場合にしか、受託者による信託事務処理の第三者委託を認めていなかった。ただ、「信託行為の定め」は、明示的な条項に限られるものではなかったと思われる。そのため、論理的には、委託者の黙示の同意があると解される場合に信託行為の別段の定めがあると認め、しかも、信託財産または受益者の利益をはかること、あるいは、信託財産または受益者の利益を害しないときには受託者の行為を制限しないことが、委託者の合理的意思であるとして、第三者委託を広く認める立場もあり得たはずである。ただ、旧法は、たとえば悪徳信託業者の排除も立法趣旨の一つとされていた。この趣旨からは、受託者の事務処理の仕方を強く規制することが適当であったであろう。しかしながら、そのような特殊な考慮をする必要がなくなった時以降は、旧法のもとでも、信託行為の別段の定めを上記のよ

---

48) 信託法 28 条も、受託者による事務処理の委託を一定の場合に限り認める点で、旧法と変わりはない。

49) たとえば、『ボアソナード氏起稿 再閲修正民法草案註釋第三編・特定名義獲得ノ部・下巻』284 頁では、フランス民法が定める受任者の復任自由の原則の根拠として、委任者が受任者に与えた信頼は、受任者による代わりの者の選択と、その者の管理にも及ぶことが挙げられている。

うに広く認めることができたと思われる。その場合、信託法28条は、第三者委託が可能な場合を旧法に比べて拡げたようにみえるものの、その解釈次第では、自己執行の原則に否定的な立場からの旧法の柔軟な解釈による場合に比べて、第三者委託の許容範囲を狭める結果となることがある。

(2) 代理人および法人理事との比較

自己執行の原則性に対する疑問は、受託者による信託事務処理の第三者委託につき、受託者と同様に他人の（ための）事務を委ねられる代理人の復任権および法人理事の代理行為の委任権限と比較することによって、いっそう明らかになると思われる。

ⓐ 任意代理人と法定代理人の復任権

代理人については、任意代理人と法定代理人とで、復任をすることができる場合が異なる。任意代理人は、本人の許諾を得たとき、またはやむを得ない事由があるときにのみ復任をすることができる（民法104条）。法定代理人は、自己の責任をもって（特段の制限なく）復任をすることができる（民法106条（改正民法105条）前段）。

この違いの理由は、次のように説明されてきた。

すなわち、任意代理人については、①本人の信任を得て代理人となるところ、他人に代理させることはこの信任に背くことになる。②その代理権の範囲は限定的であることが多く、復任を認めなくてもさほど困難を生じない。③復任の必要があるなら、本人に許諾を求めればよい。④辞任の自由があるため、自ら代理するよう求めても、さほど負担にならない。以上より、復任をすることができる場合が限定されている。

これに対し、法定代理人は、①本人が選任するものではないから、他人に代理させても信任に背くことにならない。②その代理権の範囲

第2章　受託者

は、一般に、広範である。③復任の必要がある場合、本人に許諾能力がなく、他の者の許諾を要するとすることも現実的でないことが多い。④辞任の自由がなく、自ら代理するよう求めることが困難である場合も多い。以上から、復任の自由が認められている[50]。

　もっとも、任意代理人と法定代理人のいずれについても、②〜④には例外も多い。そのため、両者の復任権の範囲の違いは、①に関わる事情に由来すると解される。

　では、ここにいう①に関わる事情とは何か。

　法定代理人も、親権者など法律上当然に代理人となるものを除き、裁判所など何ものかが選任する。その際、適性判断がされるはずである。その場合、選任者の信任を得て代理人となる点では、任意代理人と同じであり、選任者が本人か否かが異なるだけである。このことから、任意代理人と法定代理人の復任権の範囲の違いは、信任を与えたのが本人か、それ以外の者かにより、信任を得た者が権限行使の際に従うべき基準が異なることを示していると考えられる。任意代理人は、本人の意思に従うことを求められる。法定代理人は、本人の利益を適切にはかることを求められる。この違いは、次のことにより正当化されうる。

　任意代理の場合、本人は、自らすることができる契約など法律行為（以下、「契約」で代表させることがある）をすることを他人に委ねる。本人は、自己の法律関係を形成する方法として、ある他人に契約をさせることを選択するのである。そのため、その者がするのでなければ自らする、または（その者を解任し（民法651条1項））別の者にさせることが考えられる。私的自治の原則は、人に、法律関係をその意思により形成すること、他人による形成を拒むことを認める。これによ

---

[50]　たとえば、於保不二雄編『注釈民法(4)』（有斐閣、1967）58頁・65頁〔太田武男〕。

ると、誰が自己の法律関係を形成するかは、本人が定めることであり、その形成を委ねられた者が本人の意思を離れて決めてよいものではない。私的自治の原則のもとでは、本人が行為者を定める利益が、（本人に有利な）行為がされることの利益に優先する。

　これに対し、法定代理の場合、本人は、自己のために契約を締結する者を定める立場にない。現に代理人を選任する者も、行為者を自らが定めることにつき利益を有しない。そのため、本人のために誰が行為をするかではなく、何をするかが重視される[51]。

(b) 任意代理人が復任をすることができる場合

　代理人の復任権に関するこういった捉え方は、任意代理人が復任をすることができる場合[52]の解釈に、次のような影響を与える。

　任意代理人は、本人の許諾を得れば、復任をすることができる。では、本人の許諾があると認められるのは、どのような場合か。明示の許諾があれば争いにならないから、問題となるのは、本人の黙示の許諾があるとされるのはいつか、である。これには、二つの見解がある。事務の性質上代理人自身が処理する必要があると認められない場合には、復任を禁ずる意思表示がされているときを除き、許諾があるとしてよいとする見解[53]（以下、「α説」という）と、事務の性質上代理人その人の技量を必要としないだけでは許諾があるとは認められないとする見解[54]（以下、「β説」という）である。

　任意代理人の復任制限の根拠とされる事情の多くは、法定代理人の

---

51) 以上については、佐久間毅「任意代理・法定代理・法人代表」法学教室235号（2000）29頁以下も参照。
52) これについては、於保不二雄＝奥田昌道編『新版注釈民法(4)』（有斐閣、2015）96頁以下〔佐久間毅〕参照。
53) たとえば、於保編・前掲注50) 58頁以下〔太田〕。
54) たとえば、鳩山秀夫『法律行為乃至時効』（巖松堂書店、1912）302頁。

第2章 受託者

復任自由の根拠とされる事情と相対的な違いしかない。また、他人を介して利益をはかることが本人の合理的意思であるとすれば、異なる意思が明らかであるか、利益を損なうおそれがある場合を除き、復任を禁ずる必要はなく、代理人の判断に委ねてよいともいえそうである。

　しかしながら、任意代理は、本人がその法律関係を自ら形成する方法の一つであるから、本人の意思が尊重されるべきである。その際、本人は、その法律関係を形成する契約の締結に直接関わることがないため、誰が契約を締結するかについて、本人の意思を尊重する必要がある。そして、意思の尊重は、客観的にみれば不合理な決定の尊重をも含む。そうであれば、α説は適当とはいえない。例外的な状況はありうるが、その状況では、次に述べるやむを得ない事由の存否が問題になりうる。また、本人の推測される合理的意思に従うのではなく、現実の意思の確認を求めても、任意代理人に支障が生ずることはないはずである。

　任意代理人は、「やむを得ない事由があるとき」も復任をすることができる。それがどのようなときかについて、本人の利益になり、かつ、その契約をすることにつき代理人に支障がある場合はこれにあたるとする見解がある[55]。もっとも、通説は、代理人に支障があり、かつ、本人の許諾を得たり、本人に辞任を申し出たりする暇のない場合をいうとしている[56]。

　上述のとおり、任意代理においては、誰に契約をさせるかについて、本人の意思（私的自治）が尊重されるべきである。これによると、本人の意思を確認する機会があるなら、代理人は、その確認をすべきである。したがって、通説が支持されてよい。

---

55)　山本敬三『民法講義Ⅰ総則〔第3版〕』（有斐閣、2011）370頁。
56)　鳩山・前掲注54) 302頁以下、我妻・前掲注24) 355頁。

Ⅳ　受託者による信託事務処理の委託

(c)　**法人理事の代理行為の委任権限**

　平成 18 年改正前の民法 55 条は、「理事ハ定款、寄附行為又ハ総会ノ決議ニ依リテ禁止セラレサルトキニ限リ特定ノ行為ノ代理ヲ他人ニ委任スルコトヲ得」としていた。法人の理事は、定款等で禁じられた場合を除き、法人のために個別の代理行為を他に委ねることができるとされていたのである。同条は、公益法人関連三法の施行に伴い削除され、たとえば一般法人法には、会社法と同じく、これに相当する規定は存在しない。もっとも、他の法人根拠法のなかには、同条と同じ趣旨の規定を置くものも少なくない[57]。

　同条の規定の趣旨は、次のように解される[58]。すなわち、法人の理事が処理すべき契約などの法律行為は、非常に広範に及ぶ。そのため、法人の利益の確保、理事の過剰負担の回避のいずれの点からも、理事による委任を広く認めることが適当である。法人は、法定代理の本人と異なり、契約を締結する理事を自ら（その意思決定手続に従って）選任するものの、個々の契約につきその仕方を特定することに合理的な利益が認められるものでもなければ、その特定が一般的に志向されるわけでもない。ただ、法人は、理事となる者を自ら定めるから、この点での法人の私的自治は尊重される必要がある。理事がその権限に属する法律行為を包括的に他人に委ねることは、法人のこの私的自治の尊重に矛盾するため、許されない。個別の契約についても、法人が委任をとくに禁じた場合は同様である。

(d)　**受託者の事務委託権限**

　代理人の復任権および法人理事の代理行為の委任権限と受託者の事

---

[57]　NPO 法 17 条の 2（特定非営利活動法人）、私立学校法 40 条の 3（学校法人）、消費生活協同組合法 30 条の 9 第 4 項（消費生活協同組合）など。
[58]　この点については、林良平＝前田達明編『新版注釈民法(2)』（有斐閣、1991）383 頁〔藤原弘道〕も参照。

第2章 受託者

務委託権限とを比較すれば、次のようにいうことができる。

　代理人による復任、法人理事による委任（以下、「代理人による復任等」ということがある）において可否が問題となるのは、契約の締結などを第三者に委ねることである。委ねられた行為の効果は、直接本人（たる法人）に生じ、本人が権利を取得し、義務を負う。そのため、復任または委任の可否につき、本人の私的自治の尊重という観点が重要になる。任意代理人による復任と法人理事による代理行為の委任は、この観点から制限されることが考えられる。それに対し、法定代理人による復任は、本人が法律関係形成の自由を制限されているため、この観点から制限されることはない。

　以上に対し、受託者の事務委託権限につき問題となるのは、信託事務処理全般である。そのなかには、法律効果を生じない事実行為も含まれる。そして、委託者と受益者のいずれにも、その法律関係に直接影響しない行為につき、私的自治尊重の要請があるとはいえない。法律行為の委託の場合も、委ねられた行為の効果は受託者に帰属する。第三者の行為により信託財産が「変動」すれば、その結果は最終的に受益者に帰すことになるから、受益者の利益を考慮して、受託者の委託権限を制限することは考えられる。しかしながら、受益者は、信託財産のために行為をする者を定めることができる地位にない。したがって、その私的自治の尊重という観点から、受託者の委託権限が制限されることはない。これに対し、委託者は、信託行為の当事者であり、その意味で、受託者を選任する者とみることができる。そこで、受託者の委託権限を定めるにつき、委託者の意思を尊重する契機はある。しかしながら、「信託財産のため」とは、実質的には、「受益者のため」ということである。したがって、委託者が受益者でもある場合を除き、委託者の意思を尊重することは、法定代理人を選任する者の意思を尊重することと同じ性格をもつことになる。

　これによると、受託者による事務の委託について、本人の意思を尊

Ⅳ　受託者による信託事務処理の委託

重した任意代理人の復任権の制限と同様に考える理由はないことになる。

　任意代理人と法定代理人の復任権の範囲の違いを導く事情の一つとして、モデルとして想定される場合において代理人に委ねられる法律行為の範囲の広狭がある。法人理事の委任権限についても、理事に委ねられる法律行為の範囲が通常非常に広いことが、個別の代理行為の委任が制限されるべきでない理由の一つとなっている。

　受託者による第三者委託の可否が問題とされるのは、信託事務の処理に関してである。ここにいう信託事務について、事務の内容または性質による限定はないとされる。そして、信託においては、大きな信託財産につき多岐にわたる事務を受託者が処理する場合を想定例として、規律が設けられるべきであろう。この点からは、受託者の事務委託権限は、法定代理人の復任権や法人の理事の委任権限のように、自由に、または広く認められるべきことになる。

　任意代理人と法定代理人の復任権の範囲の違いを導く事情として、本人の許諾を（現実に）考えることができるかどうかという事情も（程度問題とはいえ）ある。法人の理事に関しても、個々の契約について法人が社員総会等の手続を経て委任の可否を定めることは現実的とはいえないから、状況は法定代理人に近いといえよう。

　受託者による信託事務処理の委託については、代理の本人に相当する者を委託者と受益者のいずれとみるかはさておくとしても、対象となる事務が非常に広範囲に及びうることを考えれば、個々の事務につき委託の許否を委託者または受益者に判断させることが現実的でないことは、明らかであろう。したがって、この点でも、受託者の事務委託権限について、任意代理人の復任権と同様に考える理由はない。

　辞任の自由の有無も、代理人の行為の自由に対する制限が過度の拘束、ひいては代理人への就任を躊躇させる原因となり、代理人の選任を困難にすることがあるということから、任意代理人と法定代理人と

第2章 受託者

【表2-10】

	任意代理人	法定代理人	法人理事	受託者
委任または委託の対象となる行為	代理行為（法律行為）	代理行為（法律行為）	代理行為（法律行為）	信託事務（法律行為＋事実行為）
選任する者	本人	裁判所等本人以外の者	法人（の内部機関）	委託者（等）
行為の効果の帰属先	本人（選任者）	本人（選任者以外）	本人（選任者）	受託者（信託財産）（選任者以外）
有する権限の範囲	限定的	広範	広範	広範
本人等の許諾能力	あり	なし	あり（ただし、非現実的）	委託者または受益者にあり（ただし、非現実的）
辞任	自由	制限あり	自由	制限あり
委任または委託をすることができる場合	・本人の許諾を得たとき ・やむを得ない事由があるとき	制限なし	個別の代理行為（定款等により禁止されている場合を除く）	信託法28条の解釈

で復任権の範囲に違いを生ずる理由の一つとされている[59]。

受託者は、信託行為に別段の定めがない限り、委託者および受益者

---

59) もっとも、任意代理人も本人に不利な時期の辞任の場合には損害賠償義務を負うから（民法651条2項）、これも程度問題とみる。また、法人の理事には辞任の自由があるが、そこから委任権限の制限は導かれていない。

IV　受託者による信託事務処理の委託

の同意を得たときか、やむを得ない事情がある場合において裁判所の許可を得たときにしか、辞任することができない（信託 57 条 1 項・2 項）。これも、受託者の事務委託権限の制限を否定する方向に働く事情である。

(3) 受託者が信託事務処理を第三者に委託することができる場合
(a) 旧法 26 条 1 項について

以上によれば、受託者による信託事務処理の第三者委託について、任意代理人による復任と同様とすること、すなわち、原則として許されず、例外が限定的に認められるとすることには理由がない。旧法当時も事情は同じであったから、これは、旧法にも妥当すべきことであった。ところが、旧法 26 条 1 項は、任意代理人の復任権に関する民法 104 条に類似の規定ぶりとなっていた。この点については、次のようにいうことができる。

民法 104 条においては、誰に自己のための契約を締結させるかにつき、本人の意思が尊重されるべきであるため、任意代理人は、本人の許諾を現実に得て復任することが基本になり、その許諾を得る機会があるときは、復任を正当化するやむを得ない事由があると認められるべきではない。これに対し、信託の場合、委託者も受益者も、信託事務に属する個々の行為をする者の特定について、その意思を尊重されるべき立場にない。信託財産、ひいては受益者の利益が確保されることが重要である。そのため、「信託行為ニ別段ノ定アル場合」とは、黙示の定めがある場合を含み、かつ、事務の性質上受託者が自ら処理する必要があると認められないときは、信託行為の当時委託者に反対の意思があったと認められない限り、その別段の定めがあるとされてよい。また、この意味での別段の定めがあるとされない場合であっても、必要な信託事務を処理することにつき受託者に支障があるときは、「已ムコトヲ得サル事由アル場合」にあたるとしてよい。そして、受

第 2 章　受託者

託者の支障の有無は、信託の目的に鑑みた当該事務処理の必要性に照らし、判断される。

　旧法 26 条 1 項に関する一般的理解は、これと異なっていた。しかしながら、そのような理解には、悪徳信託業者の排除など特殊な事情による受託者に対する規制の強化を別とすれば、十分な根拠があったとはいえない。

(b)　信託法 28 条の解釈

　信託法 28 条は、旧法 26 条 1 項に比べて、受託者の事務委託権限を実質的に拡大したと説明されている。旧法 26 条 1 項の一般的解釈を前提とすればそのとおりであり、かつ、その拡大は正当である。ただ、上述のとおり、旧法のもとでも、受託者の事務委託権限を広く認めることができたはずである。そうであれば、信託法 28 条においても、受託者は、少なくとも旧法 26 条 1 項につき上に述べた範囲では、信託事務の処理を第三者に委託することができるとされるべきである。その場合、信託法 28 条について、次のような解釈をすべきことになる。

　信託法 28 条においても、信託行為に許容の定めがある場合には、受託者は、信託事務の処理を第三者に委託することができる（同条 1 号）。もっとも、同条は、信託行為に定めがない場合（同条 2 号）と委託を禁ずる旨の定めがある場合（同条 3 号）を挙げ、それぞれの場合につき規定を設けている。そのため、同条 1 号の「委託することができる旨の定めがあるとき」を、旧法 26 条 1 項にいう「信託行為ニ別段ノ定アル場合」につき(a)で述べたように解することは、適当ではない。信託法 28 条 1 号にいう「委託することができる旨の定めがあるとき」とは、委託を認める旨が信託条項に現に表れているときをいうと解すべきであろう。

　そうすると、旧法 26 条 1 項のもとで「信託行為ニ別段ノ定アル場

Ⅳ　受託者による信託事務処理の委託

合」にあたると解することができたときのうち、委託を認める趣旨が信託行為に現に表れているといえない場合において、事務の性質上受託者が自ら処理する必要があるとは認められず、信託行為の当時委託者に反対の意思があったとも認められないときは、信託法28条1号に該当しないことになる。しかしながら、このときも事務の第三者委託が許されるべきことは、現行法下でも変わらない。そのため、このときは、同条2号の「信託事務の処理を第三者に委託することが信託の目的に照らして相当であると認められるとき」に該当するとされるべきことになる。そして、社会における専門化・分業化の進展は、一般に、受託者が自ら処理する必要のある事務を減少させ、結果として、第三者委託が許される場合を拡大することになる。

　旧法26条1項における「已ムコトヲ得サル事由アル場合」の第三者委託の許容を、信託行為の当時委託者に反対の意思があったと認められる場合に関するものであると解するならば、信託法28条3号は、まさにこの場合につき定めるものである。そのため、旧法26条1項に関しこの場合につき述べたことが、信託法28条3号にも妥当する。すなわち、必要な事務を処理することにつき受託者に支障があるときは、「信託の目的に照らしてやむを得ない事由があると認められる」。そして、その支障の有無は、信託の目的に鑑みた当該事務処理の必要性に照らし、判断される。

(4)　補論——改正民法644条の2第1項の解釈

　平成29年に成立した民法改正法には、その644条の2第1項に、委任の受任者につき民法104条と同様の規定が設けられている。そして、改正民法644条の2第1項について、一般に、民法104条と同じ趣旨であると説明されている[60]。そうであれば、受託者の事務委託権限の範囲を現在考察するのであれば、改正民法644条の2第1項との比較検討が必要になりそうである。

第2章 受託者

　しかしながら、委任に関する規定は準委任に準用される（民法656条）ため、改正民法644条の2第1項が適用されることとなる受任者が処理すべき行為には、事実行為が広く含まれうる。そのため、任意代理人の復任権の制限を根拠づけるものとして先に挙げた事情のうち、代理人は本人の法律関係を直接変動させることを委ねられているものであるところ、本人はその法律関係の形成を誰に委ねるかにつき私的自治を尊重されなければならないこと、および、任意代理人が自らすることを求められるのは代理行為に限られており、しかもモデルとして想定されているのは代理権の範囲が限定的である場合であるという事情は、委任と準委任に広く適用される改正民法644条の2第1項には妥当しない。そのため、同項の規定は、外形上は民法104条と同様であるものの、「委任者の許諾を得たとき」、「やむを得ない事由があるとき」の意味は、民法104条と異なってしかるべきである。すなわち、改正民法644条の2第1項では、民法104条に関してとるべきでないとした解釈、事務の性質上受任者自身が処理する必要があると認められない場合には、復任を禁ずる意思表示がされているのでない限り、復任の許諾があったものと認める解釈、委任者の利益になり、かつ、受任者がその行為をすることについて支障がある場合にはやむを得ない事由があると認める解釈が、とられるべきである（そのうえで、代理行為の復任に関しては、民法104条が適用される）。

4　受託者による信託事務処理の第三者委託の効果

(1)　問題の所在

　2において述べたとおり、信託法28条は、受託者による信託事務

---

60)　潮見佳男『民法（債権関係）改正法の概要』（金融財政事情研究会、2017）321頁、筒井健夫＝村松秀樹編著『一問一答　民法（債権関係）改正』（商事法務、2018）349頁。

IV 受託者による信託事務処理の委託

処理の第三者委託について、旧法 26 条 1 項が受託者に自己執行義務があることを前提としてその例外を定めていたところ、受託者の「権限」の問題として整理し直したものであるとされている。この捉え方の変更は、素直に考えれば、受託者が許されない第三者委託をした場合の効果に表れるはずである。すなわち、委託の許否が信託事務処理上の受託者の義務に関わる問題であるならば、許されない委託は、受託者の義務違反の問題として処理される。それに対し、権限の有無に関する問題であるならば、許されない委託は受託者の権限違反行為となり、委託が信託財産との関係で効果を生ずるか否かがまず問題になるはずである。

信託法 28 条が受託者の権限に関する規定とされたのは、受託者による信託事務処理の第三者委託が、代理人による復任に類するものと捉えられたためであると思われる。ところが、受託者による信託事務処理の委託には、代理人による復任と同様に考えることが適当でない面がある。3 において、受託者が信託事務処理の委託をすることができる場合について、このことを述べた。ここでは、事務処理の委託を受けた第三者がした行為により、信託財産がどのようなときに、どのように変動するかについて、代理人による復任の場合と比較しつつ検討することを通して、受託者の委託「権限」の意味を考える[61]。

ところで、信託法は、26 条において受託者の事務処理権限を定め、28 条において受託者がその事務の処理を第三者に委託することができる場合を定めている。したがって、受託者が信託事務の処理を第三者に委託する場合には、次の 3 通りがあることになる。すなわち、

---

[61] この問題については、佐久間毅「受託者の第三者委託『権限』」関西信託研究会『信託及び資産の管理運用制度における受託者及び管理者の法的地位』(トラスト 60 研究叢書、2014) 39 頁以下において論じたことがある。以下に述べることは、結論においてはこれと同じであるが、論拠には異なるところがある。

第2章 受託者

受託者が、①処理権限のある事務につき、同法28条の認める委託をする場合、②処理権限のある事務につき、同条に反する委託をする場合、③処理権限のない事務につき委託をする場合である。以下では、これらの場合につき信託財産との関係での委託の効果を検討するが、その検討は、委託される事務が事実行為である場合と法律行為（その際、契約で代表させる）である場合とに分けて行う。事実行為の委託は、代理人による復任では問題とならず、受託者による第三者委託特有の問題であること、および、事実行為については第三者がした行為の結果が信託財産に当然に及ぶことがあるのに対し、契約についてはその効果が信託財産に帰属するかどうかが問題になり、検討すべき事柄が異なりうることがその理由である。

【表2-11】

	処理権限のある事務	処理権限のない事務
委託することができる場合	事実行為 → (2)	
	法律行為 → (3)	
委託することができない場合	事実行為 → (4)	(6)
	法律行為 → (5)	

(2) 権限内の事実行為の許される委託

まず、受託者が、処理権限のある事実行為につき、信託法28条により許される委託をした場合である。たとえば、信託財産であるビルを賃貸してその収益から受益者に配当する信託において、そのビルの日常の管理につき委託をすることができる場合に、受託者Tがそのビルの清掃を第三者Aに委託したときがこれにあたる。

この例において、Aがビルの清掃をしたならば、その結果は、当然に信託財産に生ずる。また、Aの費用や報酬にかかるTの債務は、

Ⅳ　受託者による信託事務処理の委託

信託財産責任負担債務になる[62]。

(3) 権限内の法律行為の許される委託
ⓐ 序　論

次に、受託者が、権限内の契約につき、信託法 28 条により許される委託をした場合を検討する。その際、次の例を用いる。

> [設例 2 - 6]
> 　有価証券を売買してその収益から受益者に配当する信託において、信託行為により、受託者 T は、その売買契約の締結を第三者に委託することができるとされていた。T は、債券の売買を A に委任した。その後、A が、G との間で、G から債券を購入する契約を締結した。

委託される事務が契約の締結である場合も、その契約が受託者の権限内のものであり、受託者が信託法 28 条に従い委託をすることができるときには、委託（[設例 2 - 6] の TA 間の委任契約）の効果、およびその委託の実行行為（[設例 2 - 6] の AG 間の売買契約）の効果が、信託財産に及ぶ。

これに関し、委託を受けた者が締結した契約の効果が信託財産に帰属するに至る構造が問題になる。[設例 2 - 6] でいえば、受託者の地位にある T は、債券売買の委任を、自己のためにすることも、信託財産のためにすることもできる。A は、その売買を、自己のためにすることも、T のためにすることもできる。そのため、AG 間でされた売買の買主は A か T か、T であるとして、その効果が信託財産に及

---

[62] このほかに、A が委託を受けた行為をする際に求められるべき義務の内容、および A の行為により信託財産に損失が生じたときの法的処理なども問題になる。もっとも、ここでは、受託者の第三者委託「権限」の法的意味の検討を目的とするため、その問題には立ち入らない。

第 2 章　受託者

ぶか否かはどのようにして定まるのか、という問題である。

(b)　第三者の行為による信託財産の変動

[設例 2-6]のTA間の委任は、受託者の地位にある者が、信託事務としてすることも、自己のためにすることもできる行為の一つである。したがって、TA間の委任が、信託事務処理の委託であるか、T自身のための委任であるかは、Tの意思によって定まる[63]。Tが、信託財産のためにする意思をもってしたならば、信託事務処理の委託であり、そうでなければ、T自身のための委任である。

TA間の委任が信託財産のためにされた場合であっても、AがGとの売買を自己のためにしたときは、その効果は、Tに帰属せず、したがって、信託財産に及ばない。それに対し、AがTのためにすることを示して（つまり、AがTの代理人として）Gとの間で契約を締結したときには、その効果は、Tに帰属し、かつ、信託財産に及ぶと考えられる[64]。これは、信託財産の変動のために、Aに信託財産のためにする意思があることを要しないということである。Aは、その売買をするための代理権を、Tから与えられている。そのため、Aが、Tのためにすることを示してGとの間で契約を締結すれば、その効果は、Tに帰属する。そして、その効果は、Tの信託事務処理の権限と信託財産のために委任する意思によって、信託財産に及ぶ。Aが、その委任は信託財産のためであると知らないこともある。その場合、Aが、信託財産のためにする意思をもって契約を締結することはあり得ない。そうであっても、Tにその売買を信託事務としてAを通じてする権限と意思があるため、その売買の効果は、信託財産に帰属する。

---

63)　これについては、本章II参照。
64)　Aが、Tのためにする意思をもって自己の名で契約をすること（つまり、間接代理）もありうるが、複雑になるため取り上げない。

Ⅳ　受託者による信託事務処理の委託

(c)　その変動に至る構造

　委託を受けた第三者がした契約の効果が信託財産に帰属するに至るこのような構造は、代理一般や復代理の場合における本人への効果帰属の構造と異なる。これは、代理と信託の構造の違い、代理人の権限と受託者の権限の意義の違いによるものであると考えられる。

　代理においては、意思の存否や契約の効果に影響を及ぼす事情の存否は、原則として、現に意思表示をする者（代理人または復代理人）につき判断される。そして、復代理の場合には、復代理人は、行為に際し、自己に委任した代理人のためにすることではなく、本人のためにすることを示す。復代理人がした契約により本人の法律関係が直接変動するため、復代理人に、そのための権限（本人を代理する権限）とその変動を欲する意思（の表示）が必要になると解される。

　これに対し、受託者Tが信託事務の処理にあたる契約の締結を第三者Aに委任した場合には、Aは、相手方Gとの間で契約を締結するに際し、Tのためにすることを示すことになる。その契約により変動するのはTの法律関係であるため、Aに、Tを代理する権限とその変動を欲する意思（の表示）が必要であり、かつ、それで十分である。Gからみれば、契約相手はTであり、Tから権利を取得し、Tに対し義務を負う。それらの効果が信託財産に帰属することになるのは、Tが、その契約を信託財産のためにする権限を有すること、その契約の締結を信託財産のために第三者に委託することができること、およびその委託にあたる委任をしたことという、もっぱらTの事情による。これは、契約の効果が信託財産に帰属するか否かは、Tの権利義務の変動の問題であるためと考えられる[65]。

(4)　**権限内の事実行為の許されない委託**

(a)　序　論

　次に、受託者が、権限内の事務につき、信託法28条に反して第三

第2章　受託者

者に委託した場合を検討する。そのうち、まずは事実行為の委託を取り上げる。その検討に際し、次の例を用いることがある。

> [設例2-7]
> 　甲建物を賃貸してその収益を受益者に与える信託において、信託行為により、受託者Tは、甲建物の管理を自ら行うこととされていた。ところが、Tは、やむを得ない事情があると認められないのに、甲建物の管理事務を第三者Aに委託した。

　この例で、Aが管理の一環として甲建物の清掃や修理をした場合、その結果は、信託財産である甲建物に生ずる。この結果に関して、受託者と第三者との間、第三者と信託財産との間、受託者と信託財産との間の法律関係が問題になる。

(b)　受託者と第三者との間の関係

　受託者と第三者は、準委任契約の当事者である。そして、両者の間の関係だけをみれば、この契約を無効にする理由はない。したがって、[設例2-7]でいえば、Tは、Aに対し甲建物の管理事務の遂行を求めることができる。Aは、Tに対し報酬の支払を求めることができる（無償の場合は、もちろん別である）。

　もっとも、TA間のこの契約により、信託財産が事実として（場合により大きな）影響を受けることがある。たとえば、Aの管理のあり

---

65)　[設例2-6]において、Aが、Tの固有財産（または他の信託財産。以下略）についても債券売買の委任を受け、信託財産と固有財産のいずれのためにも契約をすることができることもある。その場合に、Aが契約をいずれの財産のためにするかを定めるものとされているときは、契約の効果が信託財産に及ぶかどうかは、Aの意思によって定まる。もっとも、それは、Tがどの財産のために契約をするかの決定をAに委ねたからであり、契約の効果が信託財産に及ぶかどうかはTの意思に基づいて定まるということに変わりはない。

方が、信託財産である甲建物の状態に影響する。そこで、信託財産の保護の観点から、たとえば、受益者による契約取消し（信託27条）が認められるかどうかが問題になる。これについては、次の(c)で扱う。

(c) **第三者と信託財産との間の関係**

[設例2-7]では、Aは、Tとの契約により、Tに対する報酬債権を取得する。そこで問題となるのが、この債権にかかる債務が信託財産責任負担債務になる（つまり、TA間の契約の効果が信託財産に及ぶ）かどうかである。これについては、信託法28条を、受託者の（第三者委託）権限を定める規定と解するか、受託者の事務処理権限の行使方法（事務処理に際し受託者が負う義務）に関する規定と解するかにより、考え方が異なりうると思われる。

信託法28条が受託者の権限を定めるものであるならば、次のようになろう。すなわち、TA間の準委任契約は、Tの受託者としての権限違反行為であり、その効果が信託財産に帰属するか否かが問題となる。TA間のこの契約は、「信託財産に属する財産について権利を設定し又は移転する行為」に直接該当するとはいえない[66]。そうであれば、Aが契約締結の当時Tの信託財産のためにする意思を知っていたか否かにより、扱いが異なる（信託21条1項6号イ参照）。

AがTのその意思を知っていたときは、Aの報酬にかかるTの債務は、信託財産責任負担債務となる。もっとも、受益者は、Aが契約時にTの無権限を知っていたか、重大な過失によりそれを知らな

---

66) もっとも、[設例2-7]のように信託財産それ自体にかかる事務の委託の場合、Aは、ともかくもTがその財産の権利者であることを信頼して取引に入ったとみることができる。そのため、Aのこの信頼を保護する必要があるということができる。そこで、この場合、TA間の準委任契約の効果は、AがTの意思を知っていたか否かにかかわらず、信託財産に及ぶとすることが適当であると思われる。この点については、本章Ⅱ6参照。

第2章　受託者

かったときは、その契約を取り消すことができる（信託27条1項）。この取消しがAの履行後（とくに報酬を受け取る前）にされたときは、AのTに対する不当利得返還債権が生ずる。そして、Aのこの債権の基礎となるTの受益は、信託財産に生じている。そのため、この債権にかかるTの債務は、信託財産責任負担債務とされてよいと思われる（根拠規定は、信託21条1項9号）。この点につきいずれと解するにせよ、Tが固有財産からこれを弁済したときは、Tの固有財産と信託財産との間で、信託財産が得た利益の調整が問題になる（→(d)）。

　AがTの信託財産のためにする意思を知らなかったときは、Aの報酬にかかるTの債務は信託財産責任負担債務にならず、受益者による契約の取消しは問題にならない。そのうえで、Tが固有財産からAに報酬を支払ったときは、Tの固有財産と信託財産との間で、信託財産が得た利益の調整が問題になる（→(d)）。

　以上に対し、信託法28条を、受託者の事務処理上の義務に関する規定と解する場合には、Tは受託者として甲建物の管理権限を有し、Aへの委託はその管理のための行為ということになる。そのため、TA間の契約によるAの報酬債権は、Tが（義務に反するものの）「信託財産のためにした行為であって受託者の権限に属するものによって生じた権利」（信託21条1項5号）にあたる。そのため、Aの報酬にかかるTの債務は、信託財産責任負担債務になる。

　信託法28条の規定は受託者の権限に関する規定と受託者の事務処理上の義務に関する規定のいずれと解されるべきか、また、[設例2-7]におけるAの報酬にかかるTの債務が信託財産責任負担債務となるかどうかについて、信託法の規定ぶりから一義的に結論を得ることはできないように思われる。

　すなわち、委託される事務が何であるかを問わず、受託者が事務処理を第三者に委託することは、「信託の目的の達成のために必要」で

Ⅳ 受託者による信託事務処理の委託

あればすることができる「行為」（信託26条）にあたると捉えることができる。このように捉えるならば、信託法28条は、「信託の目的の達成のために必要」と認められるときを定める規定となる。そして、同条の認めない委託は同法26条に反する行為となり、同法27条（その前提として、信託21条1項6号）が適用される。

これに対し、信託法26条が定める「行為」とは、受託者が受託者として処理すべき事務（[設例2-7]でいえば甲建物の管理等）を指し、第三者への委託はその処理の方法の問題であると解することもできよう。このように解するときは、同法28条は、受託者がその方法で事務を処理してよい場合を定める規定となる。このように解するときであっても、同条は、「受託者の権限」と題する節のなかにあるから、同法26条と別に受託者の権限を定めるものであり、同法28条の定めに反する委託の場合には同法21条1項6号および27条が適用されるとすることも可能ではある。しかしながら、事務処理の委託の可否は受託者の権限に関わる問題であり、同法27条はその違反の効果をも定めるというのであれば、受託者の委託権限を定める規定は、同条の前に配置されることが自然ではないかとも思われる。

(d) **受託者と信託財産との間の関係**

AがTから委ねられた事務を処理した場合に、Tと信託財産との間にどのような法律関係が生ずるかは、Aの行為を信託財産との関係でどのように扱うかによって異なる。

AへのTの委託をTの権限違反行為とする場合であっても、Aの債権にかかる債務が信託財産責任負担債務になるときは、Tは、その債務の弁済を信託財産からすることができる。それに対し、Aの債権にかかる債務が信託財産責任負担債務にならないとき（信託法21条1項9号の解釈次第で（→(c)）、受益者がTA間の委託契約を取り消したときの、TのAに対する不当利得返還債務を含む）は、その弁済に要する費用は

第2章 受託者

信託事務処理の費用（信託48条1項）にならず、Tは、その固有財産からAに弁済すべきことになる。この場合、Aの行為による利益は信託財産に生じているから、T（の固有財産）と信託財産との間に、「不当利得」的関係が生ずるといってよいはずである。ところが、信託法には、この調整を図る規定が存在しないのではないかと思われる。

Aへの委託をTの義務違反の問題と捉える場合には、TA間の契約によるTの債務は、信託財産責任負担債務になる。

［設例2-7］における甲建物の管理のように受託者Tがその処理の権限を有する事務は、信託財産のためにされてよいものであり、その事務が処理された場合、そのための費用は信託財産に帰すべきものということができる。このことは、事務がTから委託を受けたAによってされた場合であっても、また、TからAへの事務の委託が信託法28条に反するときであっても、異ならない。そうであれば、Aの報酬にかかるTの債務を信託財産責任負担債務とすること、すなわち、許されない第三者委託はTの義務違反の問題であるとし、その報酬がT自身による事務処理の場合に要する費用と比べて不相当に高額である場合には、Tの義務違反により信託財産に損失が生じたものとして、同法40条1項によりTが損失てん補の責任を負うとすることが適当であると思われる。

(5) 権限内の法律行為の許されない委託
(a) 序　論

次に、受託者の権限内の契約につき、信託法28条に反する委任がされた場合を検討する。この場合も、委任を受けた第三者、受託者、信託財産の相互関係については、事実行為の委託の場合と基本的には同様と考えられる。もっとも、委託された事務が契約の締結であるときには、その契約の相手方と受任者、受託者、信託財産との間にどのような法律関係が生ずるかという、事実行為の委託のときにはない問

Ⅳ 受託者による信託事務処理の委託

題がある。以下、この問題を、次の例を適宜用いつつ考える。

> [設例2-8]
> 　信託行為において、受託者Tは、信託財産のために金銭を借り入れることができるものの、借入れの契約はTが自らすることとされていた。ところが、Tは、やむを得ない事情があるとはいえないのに、金銭の借入れをAに委任した。Aが、Tのためにすることを示して、Gから金銭を借り入れた。

> [設例2-9]
> 　信託行為において、受託者Tは、信託財産に属する甲を売却することができるものの、その契約はTが自らすることとされていた。ところが、Tは、やむを得ない事情があるとはいえないのに、甲の売却をAに委任した。Aが、Tのためにすることを示して、Gとの間で甲の売買契約を締結した。

(b) 受託者の権限違反としての処理

　受託者Tが、第三者Aに対し、信託法28条により許される委任をした場合について、(3)(c)において次の旨を述べた。すなわち、AがGとの間でした契約は、①その契約に際して、Tのためにすることが示されたこと（顕名）、②Tが、Aにその契約の締結につき委任（代理権を授与）したこと（事務処理の第三者委託）、③Tが、受託者としてその契約をする権限を有していたこと（Tの事務処理権限）、④Tが②の委任を信託財産のためにしたこと（Tの信託財産のために委託する意思の存在）、⑤Tが信託法28条により②の委任をすることができたことが認められるときに、その効果が信託財産に帰属する。これに対し、信託財産のためにするAの意思の有無は、契約の効果が信託財産に及ぶかどうかに影響しない[67]。

第2章　受託者

　Tが権限内の契約の締結を信託法28条に反してAに委任し、AがGとの間でその契約を締結した場合には、上記①〜⑤のうち、⑤が欠けることになる。問題となるのは、この場合にAG間で締結された契約の効果はどうなるかである。
　受託者による信託事務処理の委託の可否を受託者の権限の有無の問題とみるならば、(4)(c)で述べたとおり、TA間の委任契約の効力が、信託財産との関係では認められないことがある。
　たとえば、[設例2-8]において、Aが信託財産のために委任するTの意思を契約時に知らなかった場合には、TA間の委任契約は有効であるが、その効果は信託財産に及ばない。その結果、AはTを代理する権限を有するが、Aに信託財産を変動させる権限がないため、AG間の契約の効果は信託財産に及ばない。すなわち、Gの債権にかかるTの債務は、信託財産責任負担債務にならないことになる。

(c)　その問題点

　この場合において、とくにGが信託財産のための貸付けであると知って契約をしていたときは、信託財産に効果が及ぶことに対するGの信頼が保護されることがあってしかるべきである。ところが、その信頼保護のために用いられる法理が何であるのか、はっきりしない。
　ここでの問題は、(Aの)行為権限の有無の問題であるため、民法94条2項を類推適用することには違和感がある。また、かりにこの類推適用をするとしても、何をもってその前提となる真正権利者の帰責性とするのか、不明である。
　あるいは、Aは、Tの委任(代理権授与)によりTを代理すること

---

67)　前掲注65)に述べた場合は、別である。その場合には、Tが、信託財産のためにするかどうかをAに委ねたこと、および、Aが、信託財産のためにする意思をもって契約を締結したことが必要になる。

Ⅳ　受託者による信託事務処理の委託

はできるが、「信託財産を変動させる行為の代理権」を有しないということから、民法 110 条が類推適用されるのだろうか[68]。

　どの法理によるかはさておき、G が A は信託財産のために行為する権限を有すると無過失で信じたときは、G を保護することとし、G の貸金債権にかかる T の債務を信託財産責任負担債務とするとしても、次の問題がある。すなわち、この場合、G は、保護を受けるために、A との契約は信託財産のためのものであると知っていることを前提に、TA 間の委任が信託法 28 条に反しないことにつき善意無過失であることを求められることになる。これは、信託財産のために貸付けをする G は、その契約を受託者 T の代理人 A との間でするときは、TA 間で委任（代理権授与）が有効にされたことだけでなく、その委任が同条に反しないかどうかも調査しなければ、安心して契約をすることができないことを意味する。受託者の代理人との間で取引をする者は不測の不利益を回避するために慎重を期す必要があるということであり、その結果として、信託事務の効率的な処理のために望ましい委任の場合にも、その受任者による（円滑な）処理が妨げられることにもなりかねない。

　これに対し、A が T の委任は信託のための委任であると知っていたときは、その委任が T の権限違反行為にあたるならば、受益者は、信託法 27 条 1 項に従って、その委任を取り消すことができる。この取消しが AG 間の契約締結後にされたならば、代理権授与行為の取消しによる代理権の遡及的消滅を認めるかどうか、これを認める場合

---

[68] いわゆる実質的法主体説からすれば、信託財産を「本人」、A を「無権代理人」であるかのようにみて、表見代理に関する規定の類推適用を考えることができるのかもしれない。もっとも、その場合であっても、信託財産またはそれを代表するとみられる受託者が代理権授与表示をしたわけでもなければ、A が信託財産のために他に何らかの「代理権」を有するわけでもないから、どの規定が類推適用されうるのか、不明である。

第2章　受託者

に代理行為の相手方の信頼をどのように保護するか（たとえば、民法112条など表見代理に関する規定を類推適用するか）という、代理一般において問題になるのと同じことが問題になる[69]。

　この場合に、Gの信頼を保護するために表見代理に関する規定を類推適用するとしても、上に述べたのと類似のことが問題になる。すなわち、そのような処理がされるとなると、Gは、受託者Tの代理人との間で契約を締結する場合、安心して取引するためには、TA間の委任が有効にされたことを確認する際に、その委任が信託法28条に反するものでないかどうかも確認の対象にする必要がある。この確認は容易なことであるとは限らないから、信託事務の効率的な処理のために望ましい委任の場合にも、その受任者による（円滑な）処理の妨げになることがある。

　［設例2-9］では、別の問題もある。この例で、Aが、甲が信託財産に属することも、Tの信託財産のために委任する意思も知らなかった場合、TA間の委任契約の効果は信託財産に及ばないことになる。そうすると、Aには、Tを代理する権限はあるものの、信託財産を変動させる権限はなく、したがって、TA間の委任契約は、受益者による取消しの対象にならないことになるのであろう。この場合、AG間で締結された売買契約はTを売主とするものとして有効に成立し、Tは甲の所有者であるにもかかわらず、Gは、Aに信託財産を変動させる権限がないため甲を取得することができないという、奇妙な結果（甲につき、代理人Aにより本人Tのために他人物売買が行われたのと同じ結果）になる。

　それに対し、AがTの委任は信託のための委任であると知っていたときは、［設例2-8］につき上に述べたことと同様になる。

---

[69]　この問題については、佐久間毅「代理権授与行為」法学教室454号（2018）16頁以下参照。

Ⅳ 受託者による信託事務処理の委託

(d) 受託者の義務違反としての処理

以上によれば、受託者による信託事務処理の委託の可否を受託者の権限の有無の問題とすることは、適当とはいえない。受託者は、処理権限を有する事務については第三者委託を有効にすることができる、ただし、信託法 28 条に反する委任は受託者の義務に反する行為となる、と解すべきである。

(6) 権限外の行為の委託

受託者が、処理権限を有しない事務について、その処理を第三者に委託することができるとされることはない。もっとも、そのような事務の委託によって、信託財産が影響を受けることはありうる。たとえば、第三者 A が、受託者 T が処理権限を有する事務の信託財産のための委託であると信じて、委託を受けることがありうる。また、契約締結の委任の場合には、委任を受けた A または A の契約相手の主観的態様によって、TA 間の委任契約または AG 間の契約の効果が信託財産に及ぶことがありうる。

事務処理の委託の可否を受託者の権限の有無の問題と捉える場合には、まず、TA 間の委任契約が信託財産との関係で効力を認められるかが問題とされる。その効力が認められる場合において、TA 間でされたのが契約締結の委任であるときは、A は受託者の権限に属しない契約を G との間ですることになるため、その契約の効果が信託財産に及ぶか否かが判断されるべきことになる。

それに対して、受託者による事務処理の委託は受託者の権限行使上の義務に関わるものであるとする場合には、事実行為の委託の場合には TA 間の準委任契約が、契約締結の委任の場合には（A を介してされた）TG 間の契約が、それぞれ T の権限違反行為であるとして、その効力を判断されるべきことになる。

第 2 章　受託者

5　おわりに

　以上、受託者による信託事務処理の第三者委託の問題を取り上げた。ここで述べようとしたことを簡単にまとめれば、次のとおりである。
　平成 18 年信託法改正により、受託者による信託事務処理の第三者委託に関して、委託が許される場合が拡大され、問題の性格が受託者の義務の問題から権限の問題に変更されたとされている。
　しかしながら、旧法の問題点を改めるためには、自己執行の原則を否定するだけでよく、義務から権限への性格変更は不要であったと思われる。これによると、受託者が第三者委託をすることができる場合につき、自己執行の原則が否定されたといえるように、信託法 28 条を解釈すべきである。また、同条に反する委託は、受託者の権限違反行為としてではなく、受託者の義務違反行為として扱うべきである。

V 受託者の公平義務

V　受託者の公平義務

1　はじめに

　信託法は、その 33 条において、受託者の公平義務を定めている。旧法に、公平義務に関する規定はなかった。また、旧法時代には、いわゆる民事信託の設定がほとんどされず、受益者連続型の信託、とりわけいわゆる後継ぎ遺贈と同様の結果を実現するための信託の有効性も、定かではなかった。そのため、公平義務が問題とされることは多くなかった[70]。

　これに対し、現行信託法は、民事信託の促進も狙いの一つとして制定され、また、後継ぎ遺贈と同様の結果を実現するための信託を含む受益者連続型の信託の有効性を前提とする規定も設けている（信託 91 条）。この信託の場合、信託財産の運用の仕方次第で、時間的に相次いで現われる受益者の間に有利・不利が生じうる。その種の信託の設定が増えれば、受託者の公平義務の実際的重要性が高まることも考えられる。

---

70) 旧法時代の公平義務に関する主な文献として、たとえば、海原文雄「信託における収益と元本の配分(1)(2)」信託 99 号（1974）3 頁以下・101 号（1975）68 頁以下、樋口範雄『アメリカ信託法ノートⅡ』（弘文堂、2003）160 頁以下、森田果「受託者の公平義務(上)(下)」NBL 780 号 35 頁以下・781 号（2004）54 頁以下などがある。

第2章 受託者

　受益者連続型の信託において時間的に前後して現われる複数受益者間の公平の問題は、アメリカやイギリスでは、古くから大いに争われてきた[71]。そこで、以下において、アメリカ法やイギリス法の状況も参照しながら、受益者連続型の信託における受託者の公平義務の問題を考える[72]。

2　公平義務に関する信託法の規定

　公平義務に固有の規定として、信託法には、次の規定が設けられている。
　まず、信託法33条が、「受益者が二人以上ある信託においては、受託者は、受益者のために公平にその職務を行わなければならない」と定めている。
　ここに定められている受託者の義務は、信託法の立案担当者の解説によれば、次のような義務である[73]。すなわち、この義務は、一つの信託に複数の受益者が存在する場合に問題となる。ここにいう「公平」とは、信託行為の定め等に従って実質的にとらえるべき概念である。たとえば、信託行為により優先受益権と劣後受益権が区別されている場合のように、信託行為の定めにより異なった取扱いが認められている場合には、その定めに従った取扱いをすることが求められる。差異を無視して、各受益者を画一的に扱うことが求められるのではな

---

71)　樋口範雄『入門　信託と信託法〔第2版〕』（弘文堂、2014）201頁以下。
72)　公平義務に関する拙稿として、ほかに、佐久間毅「公平義務の広がり」能見善久＝樋口範雄＝神田秀樹編『信託法制の新時代――信託の現代的展開と将来展望』（弘文堂、2017）91頁以下、佐久間毅「アメリカ信託法第3次リステイトメントにおける受託者の公平義務――元本と収益の区別に関する公平義務を中心に」樋口範雄＝神作裕之編『現代の信託法――アメリカと日本』（弘文堂、2018）128頁以下がある。
73)　寺本134頁以下、村松ほか106頁以下。

い。この意味での受託者の公平義務は、英米では忠実義務の一種として整理されることが一般的であるが、わが国の信託法では、忠実義務は受託者の利益と受益者の利益が相反する場合に問題となるものであり、受益者の利益と第三者（他の受益者を含む）の利益とが相反する場合に受託者が負う義務は善管注意義務であると整理することにしたことから、善管注意義務の系列の問題として処理される。

次に、信託法44条2項は、受託者の公平義務違反（または、そのおそれがある）行為により著しい損害を受けるおそれがある受益者に、当該行為の差止めの請求を認める旨を定めている。受託者の他の義務違反等についても受益者に行為差止請求権が認められているが（同条1項）、公平義務違反の場合には信託財産に損害が生ずるとは限らないことから、別に規定されている。

3 公平義務が問題となる例

公平義務につき原則となるのは、「一つの信託において複数の受益者がある場合、各受益者は、等しく扱われるべきである」、ということである[74]。ただし、信託の目的および信託行為の定めから差異が認められるときは、受託者は、その差異に相応しい取扱いの差を受益者の間に設けてよい。もっとも、その場合に、どのような差を設けてよいかの判断は、そう簡単でないことが珍しくない。その例の一つが、次のような受益者連続型の信託である[75]。

---

74) 道垣内186頁は、公平義務を「同等のものは同等に扱わなければならない」とするものであるとする。公平義務のこの原則を確認しておくことには、重要な意味がある。というのは、公平義務の内容は信託の目的、信託行為の定めなど種々の事柄を考慮してはじめて定まるというのでは、受託者にとって過大な負担となり、また、事務処理に時間と費用を要することとなって信託財産の利益を害することにもなりかねないからである。

第2章　受託者

> [設例2-10][76)]
> 　Sが、遺言により、信託財産を甲建物（賃貸用ビル）、受託者をTとする信託を設定した。その信託において、Tは、甲建物の売却権限を与えられていた。また、Sの死亡後にまずSの配偶者B_1が受益者となり、B_1の死亡後はその死亡の時点で生存しているSの子または孫が受益者となること、Tは、B_1に信託財産の収益を毎年支払い、B_1が死亡したときにはその時点で残っている信託財産を受益者となった者に交付することとされていた。
> 　甲建物は、街の発展が止まった地区にあり、その評価額は下落し続け、B_1の受益権取得当時は3億円であったが、B_1が死亡しSの孫B_2が受益権を取得した時には1億8500万円になっていた。甲建物は、この間ずっと賃貸されており、B_1は、死亡するまでの30年間、平均3400万円を毎年受け取っていた。
> 　B_2は、Tが甲建物を売却せずに信託財産として保有し続けたことは善管注意義務違反または公平義務違反にあたるとして、Tにその責任を追及したいと考えている[77)]。

75) 同時に存在する複数受益者の間における公平義務の問題が容易というわけではない。たとえば、道垣内186頁以下参照。
76) この設例は、アメリカにおけるDennis v. Rhode Island Hospital Trust National Bank, 744 F.2d 893（1st Cir. 1984）の事案に変更を加えたものである。たとえば、受益者の数、信託財産に属する建物の数、建物の価値、受益者への配分額その他を変更している。しかしながら、その変更は事案の簡易化のためであり、とくに建物の価値と受益者への配分額は、上記判決の事案の1ドルを100円換算したものとしている。なお、同判決については、樋口・前掲注70) 170頁以下に簡単な紹介がある。
77) 参考までに、上の注76) に挙げた判決では、Tがビルの保有を続けたことは不合理であった（つまり、Tは善管注意義務に違反した）とはいえないが、Tは、ある時点以降はB_1とB_2との間で不公平に行為したとして、B_2への賠償を命じられた。

V 受託者の公平義務

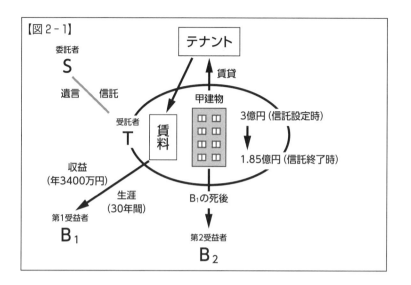

[設例2-11]
　[設例2-10]と異なり、Sは、Tに向けて、B₁が健康でこれまでどおりの暮らしを続けられることを第一に考えるよう、遺言に記していた。

[設例2-12]
　[設例2-10]と異なり、Sの遺言において、B₁が、Tとともに受託者とされていた。

[設例2-13]
　[設例2-10]と異なり、甲建物は、その大部分がS家の代々の家業のために用いられており（Sが死亡する少し前から、家業をひとまず引き継いだSの弟Aが無償で使用していた）、残りの部分が他に賃貸されていた。B₁には、甲建物の賃料から毎年100万円が支払われていた。また、B₁が死亡したときは、Sの子孫であってその

第2章 受託者

> 後に家業を最初に継いだ者に、その時点で残っている信託財産全部を与えることとされていた。B_1 が、受益権を取得して10年後に、年に100万円しか支払わないことは公平義務違反にあたるとして、給付額の増額をTに求めたいと考えた。

　受益者連続型信託には、さまざまな内容のものがある。しかし、問題が複雑になりすぎることを避けるために、上記設例のように、受益者は二人であり、一人目はその生涯にわたって受益者とされ（以下、「生涯受益者」という）、その者の死亡により残余財産をすべて二人目の受益者（以下、「残余財産受益者」という）が取得する場合を考える。

　この場合、B_1 と B_2 は、利益を享受する時期、享受する利益の種類が異なるため、両者を等しく扱おうにも、扱いようがない。また、この信託は長期にわたって存続することも想定されるから、信託財産からどの程度の収益が得られ、信託財産の元本の価値がどうなっていくかを見通すことは難しい。そのため、Tは、信託の存続中ずっと、B_1 と将来の残余財産受益者に与えるもののバランスをとること、そのために必要であれば、信託財産の管理運用のあり方を見直すことを求められる。そこで、とくに問題となるのが、次の3点である。第1に、ここにいうバランスとは何か、どのようにして定まるか。第2に、バランスを失するとなった場合に、Tは、どのようにすればよいか。現実に、どのようにすることができるか。第3に、第2においてすべきことをTがしなかった場合に、どのような効果が認められるか。

　なお、[設例2-10] では、信託行為の定めにより、B_1 に信託財産の収益を与えることとされているが、このことから、Tは、甲建物の賃貸を続け、それにより得られる賃料をそのまま B_1 に与えればよく、そうすれば公平義務違反となることはない、ということにはならない。B_1 には「信託財産」の収益を与えるとされており、甲建物の収益を

Ⅴ　受託者の公平義務

与えるとされているのではない。また、Tは、甲建物の売却を許されており、その保有継続を求められてはいない。そのため、B_1とB_2への給付がバランスを失する場合、Tは、甲建物を売却して金銭化し、これを両者の間のバランスがとれるように運用することを求められることがある。

4　「公平」の判断

(1)　判断の一般的なあり方

　[設例2-10]では、信託財産に属する甲建物の価値は最高時で3億円であり、甲建物の純収益からTの信託報酬を差し引いてされるはずのB_1に対する支払が平均年3400万円であるから、甲建物の収益率はおそらく年10％台半ばに達する。30年間に甲建物の価値は1億円超（40％弱）下落しているが、その間に甲建物から10億円を上回る純利益が得られていることからして、インフレを考慮しても、かりに受益者がB_1のみであったならば、Tが、甲建物を信託財産として保有し続けたことをもって、善管注意義務に違反したとされることはないだろう。信託財産のポートフォリオ運用の重要性ないし必要性が説かれるようになったのは比較的最近のことである。それ以前は、インフレ率が高かった時期もあるが、当初信託財産をいったん金銭化して、その金銭を再投資することが積極的に推奨されていたわけではない。また、かりに金銭化しても、その金銭の運用は、安全資産によることが望ましいとされていた。さらに、ポートフォリオ運用の重要性が認識されるようになった後のインフレ率・ポートフォリオ運用による標準的な収益率は、それほど高くない。そうすると、Tによる信託財産の運用は、全体として大変よい結果をもたらしたとすらいうことができる。

　ところが、[設例2-10]では、受益者が二人ある。そのため、受託

者Tは、公平義務を負う。そして、Tは、結果的に、B_1に10億円を超える金銭を与えたのに対し、B_2には2億円弱の価値の甲建物しか与えていない。B_1とB_2の受益には大きな差がある。もっとも、この結果のみから公平義務違反の有無が判断されるわけではない。

　Tは、信託事務処理の間ずっと、公平義務を負う。その間に、信託財産の価値の変動と収益の見込みを考慮しつつ、信託の目的（委託者の意図）と信託行為の定めに照らして、そのまま甲建物を保有し続けてよいか、賃貸用建物は典型的な収益過剰資産（収益を多く産みうる一方で、元本の価値は維持されるにとどまるか、減少する資産）であることから、B_1と残余財産受益者との利益のバランスをとるために、たとえば甲建物を売却し、それによって得た金銭を適切に運用することとすべきかを、判断し続けなければならない。この判断を誤り、B_1への給付と残余財産受益者への給付の間に許されない不均衡を生じさせた場合には、Tは、公平義務に違反したことになる。

　「公平」の判断は、通常、受託者の裁量にゆだねられる。そのため、Tの公平義務違反が認められるのは、Tに裁量権の逸脱があったときである。過失により判断を誤ったというだけで、公平義務違反になるわけではない。

(2) 信託の目的および信託行為の定めの解釈

　受託者のこの判断は、信託の目的と信託行為の定めに従ってされるべきことである。ここにいう信託の目的も、信託行為の定めも、明示のものに限られるわけではない。したがって、受託者は、それらを解釈することが必要になる。そして、この解釈も、公平義務の対象となる。解釈は、個別の事例において行われるほかないが、多くの裁判例のあるアメリカにおける議論[78]を参考にすれば、以下の指摘をする

---

78) たとえば、Restatement (Third) of Trusts §79 at 129-130, cmt. c (2003).

V 受託者の公平義務

ことができる。

設例のような生涯受益者と残余財産受益者がある受益者連続型信託の場合には、生涯受益者を残余財産受益者よりも優遇することが（その程度はひとまずおくとして）委託者の意図にかない、信託の目的から正当化されることが多い。委託者は、生涯受益者には自らその者を選んで利益を享受させるのに対し、残余財産受益者についてはいつ権利を取得するか、誰がその受益者になるかを知らないことが多い。そのような場合、いつ取得されるか分からない利益よりも、現に与えられる利益を重んじること、自らが設定した基準には合うものの見知らぬ者よりも、自らが選んだ者の利益を優先させようとすることが、常識に合うと考えられるからである。

もっとも、生涯受益者の優遇をより正当化する事情、その優遇を否定する方向に働く事情、むしろ残余財産受益者の優遇を正当化する事情がある場合は、受託者は、その事情を公平に考慮しなければならない。［設例2－11］から［設例2－13］までは、そういった事情が認められる例である。

［設例2－11］では、信託行為において、「B_1が健康でこれまでどおりの暮らしを続けられることを第一に考える」こととされている。これは、B_1の優遇の明確な根拠となるとともに、優遇の程度も明らかにするものである。すなわち、B_1の健康でこれまでどおりの暮らしに必要であるならば、［設例2－10］において、TがB_1に対してした支払（その前提としての、甲建物の保有継続）が正当化される。それに対し、上記の基準に合うB_1への支払がたとえば年1000万円でよいならば、Tは、それを超える額を信託財産に留めて運用に回し、B_1のその後の必要額増に備えるとともに、最終的に、残余財産受益者に与えるべきことになる。また、状況によって、Tは、B_1への支払に必要な収益を確保しつつ、残余財産受益者により大きな利益を与えるために、甲建物を売却し、それによって得た金銭を適切な方法で運用

第2章 受託者

すべきであるとされることもある。

　Tは、こういったことの前提として、B_1の生活と財産の状況（当該信託以外から得られる収入を含む）を知る必要がある。このような場合、アメリカでは、受益者が受託者の求めによりその財産の状況に関する書類を提出することも（少なくとも、かつては）珍しくないようである。しかしながら、わが国では、受益者にそこまで要求することは難しかろう。そうであっても、現実に利用可能な方法でB_1への支払額を定めるための情報を収集することが、Tの公平義務の一内容となる[79]。

　[設例2-13] では、[設例2-10] と反対に、B_1への給付額が、残余財産受益者に与えられる財産の額に比べて、著しく小さくなると見込まれる。これは、生涯受益者の優遇という、上に述べた一般論に反する。しかしながら、ここでは、信託の目的として家業の継承が重視されていると解される可能性がある。その場合、家業継続のために甲建物が必要である、または甲建物の保有継続が望ましく、さらにAから賃料を徴収することも難しいのであれば、B_1への給付額を低く抑えることが、むしろ公平義務にかなうことになる。それに対し、甲建物がなくても、あるいはAから賃料を徴収しても、家業の継承に支障がないのであれば、B_1の求めに理由があると認められることがある。

　[設例2-12] のように、連続受益者のうちの一人が（共同）受託者を兼ねることが、わが国で現状どれほどあるか、今後どうかは、分からない。ただ、アメリカやイギリスでは、全く珍しいことではない。

---

[79] もっとも、イギリスでは、受託者が適切なバランスをとるために配分権限を行使する際に、受益者の個人的事情を考慮すべきではないとする考え方もみられる（Law Com. C. P., 175, Executive Summary, para. 14（2004））。個人的事情を考慮しなければならないとすると、かえって法的不安定を生ずること、受託者に対する受益者による訴訟の蓋然性を高めることなどが、その理由とされている。

この指定は、two edged sword であると評されることがある[80]。一方で、受託者を兼ねる受益者が自己の利益のために裁量権を行使することを認める、つまり、その受益者の利益が優先されてよいとする委託者の意図がみてとれる。しかし他方で、委託者が認めているものであるとはいえ、その受益者と他の受益者との利益が明らかに相反することになるから、受託者（他の受託者も含む）の裁量権の逸脱の有無が、公平義務を考慮しつつ、慎重に判断されるべきことになる。

　これは、広く与えられている裁量権の行使の限界を見定めることにほかならない。英米では、受託者に「絶対的な裁量」あるいは「無制限の裁量」を認めるといった文言が信託条項に用いられることもあり、そういった場合とも共通する問題として論じられている[81]。これらの場合であっても、裁量権の逸脱とされることはある。たとえば、受託者に何らかの悪意があったとされる場合や、受託者が裁量権付与の目的を達すること以外の意図または動機をもってした場合は、それにあたる。［設例 2 - 12］において S が［設例 2 - 11］と同じ目的を定めていた場合に、B_1 と T が、B_1 がそれまでの水準を大きく超える生活をすることができるように B_1 への支払額を定めたときや、B_1 が他人を援助することができるようにするために B_1 への支払額を定めたときなどは、その例となるだろう。

5　「公平」の実現の方法

(1)　問題の所在

　［設例 2 - 10］から［設例 2 - 12］までにおいて B_1 を残余財産受益者

---

80) Restatement (Third) of Trusts §50 at 284, reporter's notes, cmt. a and b (2003).
81) わが国でも、能見＝道垣内編・前掲注20) 58頁・62頁において、ほぼ同様の旨が説かれている。

第2章 受託者

に比べて優遇すること、[設例2-13]において残余財産受益者をB_1に比べて優遇することが認められるとしても、程度問題である。許される限度を越える場合には、Tは、公平義務違反とならないよう、何らかの措置を講ずる必要がある。

たとえば、[設例2-10]では、Tは、甲建物を売却して金銭化し、これを運用することが考えられる。しかしながら、甲建物の減価率と収益率を考えると、他の運用方法をとった場合に信託財産がより増大するかどうかは、疑わしい。[設例2-13]では、甲建物がなくても家業継続に支障はないというのでなければ、Tは、そう簡単に甲建物の売却に踏み切れないだろう。こういった場合、Tが公平義務を守るにはどうすればよいかが問題になる。また、いずれにおいても、かりにTが甲建物を売却するとして、その後に信託財産からの利益配分をどうするか、という問題もある。

(2) アメリカまたはイギリスにおいてみられる方法

このような場合、アメリカやイギリスでは、判例または制定法により、受託者に、次の二つの権限が認められることが多い。元本と収益に関する調整の権限と、ユニトラストへの変更の権限である。

ここにいう調整とは、受託者がとった信託財産の運用方針によって複数受益者への適切な（公平な）配分を実現することに適する結果を得られない場合（収益が過大または過小の場合）に、公平義務を守るため、信託財産から得られる利益と信託財産に生ずる負担を、信託財産の元本と収益のいずれに割り振るかを（適切に）定めることである。この調整をすることは、受託者の権限とされるが、これをしなければ公平義務違反となるから、受託者の義務でもある。たとえば、設例においてB_1に対し毎年1000万円を支払うことが相当である場合、[設例2-10]では、甲建物の賃料収入の残りを残余財産受益者が取得すべき信託元本とする（そのうえで、以後それを運用する）、[設例2-13]

V 受託者の公平義務

では、甲建物を売却しても差し支えないならば売却したうえで、その後は、通常、トータルリターンを最大化すべく信託財産を運用し、そこから B_1 に毎年 1000 万円を支払う、あるいは、甲建物以外にも信託財産があるなら、そこから（信託行為において予定されていない元本取崩しも認めて）B_1 に毎年 1000 万円を支払う、といったことである。受託者によるこの調整は、アメリカやイギリスでは、当該信託にそれを認める定めがない場合であっても、衡平法上認められる。わが国では、信託の変更（信託 149 条、150 条）を経てすることになろう。

もっとも、この調整には大きな難点がある。調整の基準が明らかでないこと、調整も公平義務の対象であり受託者の負担が大きいこと、基準が定まったとしても、その基準に合わせて配分するには複雑な計算を要するなどのため専門家を雇う必要があり、高額の費用を要することである[82]。そのため、多くの信託、とりわけ財産規模が大きくない信託にとって、調整は適切な解決策にならない。

ユニトラストとは、信託財産の収益から配分を受ける受益者（収益受益者）に対し、信託財産に生ずる利益と負担が元本と収益のいずれに帰すべきものかに関わりなく、信託財産の総額に対する一定割合を毎年支払うとするものである。信託財産の総額の算出方法（過去何年か分の平均をとるか、単年で計算するか、など）、財産総額に対する割合の定め方は種々あるが、たとえば、[設例 2 - 10] において、毎年 1 月 1 日時点の信託財産の総額の 4％を B_1 に支払う、とする場合がこれ

---

[82] イギリスでは、たとえば、[設例 2 - 10] の甲建物のような収益過剰資産のため公平義務違反となる場合、受託者は、これを売却して株式などに再投資する義務を負い、かつ、その実行までの間、残余財産受益者に、調整のため、収益から分配する義務（年 4％とされることが多い）があると、判例上されてきた。ところが、これをはじめとする調整のためのいくつかのルールは、本文に述べた理由から、信託の定めにより排除されることが常態化していた。これを受けて、近時、それらの調整ルールを否定する立法がされた（Trusts (Capital and Income) Act 2013 §1 (2)(b) - (d)）。

にあたる。[設例 2-10] においてこれをするには、信託の変更が必要になる。英米では、当該信託に定めがなくても、公平義務の履行のため必要であれば、判例または制定法により、その変更の権限が受託者に認められる。わが国では、信託法 149 条または 150 条に従い、信託の変更をする必要があるだろう。

ユニトラストへの変更には、信託財産の総額のどの割合を収益受益者に与えるかについて確たる基準がなく（英米では 3〜5％とされることが多いようである）、また、割合を一度定めても、経済状況や受益者の事情などにあわせて変更する必要がありうる、という難点がある。もっとも、受託者が、元本と収益の区別に煩わされず、長期的視点に立って信託財産の最大化に傾注することができる点、配分のための事務処理が簡素化され費用の節約になる点、受託者の事務処理に対する監督が容易になる点など、大きな利点がある。したがって、ユニトラストへの変更は、各受益者の時々の状況を細かく配慮しつつ受益的給付の内容を定めることが求められる信託には向かないが、多くの信託にとって合理性が認められることが多いと考えられる。

6 公平義務違反の場合の処理[83]

(1) 問題の所在

公平義務違反があっても、さほど面倒な処理を要しないこともある。

たとえば、[設例 2-11] のような場合において、T が [設例 2-11] と異なり年 500 万円しか支払っていなかったところ、B_1 への給付額は年 1000 万円が相当であったとされ、残額が信託財産に留保されているときは、T は、それまでの不足額を B_1 に支払い、以後の支払額を 1000 万円とすればよいと考えられる。ただ、この場合には、この

---

83) これについては、能見＝道垣内編・前掲注 20) 64 頁以下が示唆に富む。

処理は法的にどのようなことをするものなのかが問題になる。

また、このように簡単に処理することができない場合もある。たとえば、[設例2-10] から [設例2-13] までにおいて、B_1 への給付額は年1000万円が相当であったとされた場合には、[設例2-10] から [設例2-12] までにおいて年平均2400万円の支払過剰分をどのように処理するか、[設例2-13] において過去の支払不足分をどのように処理するかが、問題になる。

(2) 過去の支払不足分の処理

これらの問題のうち、B_1 に対する支払不足があったとされる場合については、T は、不足額につき B_1 の受益債権にかかる債務の履行を遅滞しており、後の支払はその履行にあたる、と構成することが適当であると考える。たとえば、T が [設例2-11] と異なり年500万円しか支払っていなかったところ、B_1 への給付額は年1000万円が相当であったとされた場合には、年1000万円が相当な支払額であったとされたことをもって、それが相当であった時点から、B_1 は、年1000万円の受益債権を有していたのに500万円しか支払を受けていなかったものと構成する、ということである。

この場合、年500万円の不足額は、もともと受益債権にかかる給付として支払われるべきものだったのであり、このことは、T が支払額の決定を誤ったことによって変わるわけではない。つまり、信託財産からの履行が可能である限り、T が、固有財産により支払の責任を負う理由はない。また、不足額にかかる B_1 の債権は、信託債権に後れるもの（信託101条）とすべきである。そして、不足額に対する遅延損害金にかかる T の債務は、T の信託事務処理上の義務違反により生じたものであるから、信託財産責任負担債務（信託21条1項9号）であり、T が固有財産によっても責任を負うべきものであるとし[84]、信託財産から支払った場合には、T が損失てん補の責任を負

う（信託40条1項1号）とすることが適当である（ただし、信託財産には、B_1への支払が少なかった分、多くの財産が残ることになっているから、その運用益は損益相殺の対象になる）。以上より、上記のように構成することがよいのではないかと考える[85]。

なお、［設例2-13］では、B_1に対して年1000万円を支払わなければならないとされるということは、甲建物のほかに信託財産に属する財産がない場合には、（Aからの賃料徴収は、簡単には実現しないであろうから考えないとすれば）Tが甲建物の売却権限を行使してよいことを、通常、含意するはずである。そうであれば、Tは、たとえば甲建物を売却し、それによって信託財産として得た金銭をもって、上に述べた処理をすればよいことになると考えられる。

(3) 過去の支払過剰分の処理

これに対し、B_1に対する支払が過剰であったとされる場合については、次のとおりである。

受託者Tは、公平義務違反の責任を問われる。その効果としてまず考えられるのは、信託法40条1項1号による損失てん補の責任である。［設例2-10］から［設例2-12］までにおいては、B_1への支払過剰分が、信託財産の損失にあたる。そのため、B_2は、Tに対し損失のてん補を請求することができ、そのてん補がされた後の信託財産が、B_2に給付されるべき残余財産となる。

［設例2-10］または［設例2-11］において、B_1への支払額は年1000万円が相当であったとされ、Tが支払過剰分につき信託財産の

---

84) もっとも、村松ほか230頁は、受益債権の履行遅滞に伴う損害賠償債権も受益債権に含まれると解すべきであるとする。
85) これによると、B_1に対し不足額が支払われる前に信託財産（甲建物）が滅失するなどしてその履行が不可能になった場合には、履行遅滞中の履行不能として処理することになる（改正民法413条の2第1項参照）。

Ⅴ　受託者の公平義務

損失をてん補した場合、Tは、B₁またはその相続人（以下、B₁で代表させる）に何らかの請求をすることができるか。

　アメリカでは、統一元本収益法（United Principal and Income Act）105条c項2号において、裁判所は、受託者の請求により、過剰な支払を受けた受益者に対し、過剰分の全部または一部の信託財産に対する返還を命ずることができるとされている[86]。この考え方からすれば、損失てん補をしたTは、B₁に対し、弁済による代位に類似の考え方により、自己への支払を求めることができることになろう。

　B₁は過剰分について本来権利のない支払を受けたとみることもでき、そうであれば、その利益を保持させる実質的な理由はないことになる。こう考えるならば、わが国においても、これを（実質的に）不当利得（にあたる）として、B₁に返還させるとすることもありうる[87]。B₁は、多くの場合、善意の受益者であろうから、その返還の範囲は現存利益に限られ（民法703条）、B₁にとって過酷な結果となるわけでもない。ただ、わが国の信託法は、受託者が信託事務の処理として自己以外の者との間でした行為について、それが権限違反または利益相反にあたる場合であっても、当然に無効とはせず、悪意または重過失のある相手方との関係でのみ、受益者（または委託者）の取消しにより効力が否定されることとしている（信託27条、31条等を参照）。これによると、B₁の過剰受益分についても、その受領を当然に無効とするかのように扱うことは適当でないように思われる。そうすると、Tは、B₁に対し、何らの請求もすることができないことになる[88]。

---

[86]　同法では、過少な支払しか受けられなかった受益者は、裁判所が認める額について信託財産から支払を受けられるとし（105条c項1号）、過少または過剰な支払の場合に、受託者は、同項1号および2号によって受益者が救済されない場合に限って、固有財産により責任を負うとされている（同項3号）。
[87]　旧法下において、四宮250頁。

第 2 章　受託者

　ただし、[設例 2 - 12] では、B_1 が共同受託者の一人であり、T と B_1 は、連帯債務者となる（受益者個人に対する損害賠償責任については信託 83 条 1 項。信託財産の損失のてん補については信託 85 条 1 項）。そのため、T は、B_1 に対し、その負担部分について求償することができる（民法 442 条）。

7　おわりに

　わが国において、受益者連続型信託は、従来あまり設定されることがなかったものの、最近その設定例が徐々に増えているようである。一般的にいえば、ニーズがあるのであれば、こういった信託も積極的に設定されることが望ましい。ただ、この種の信託の受託者になろうとする者は、信託事務が複雑で負担の重いものになりうること、判断の重大な誤りや踏むべき手続の軽率な懈怠があると、事務処理から長期間が経過した後でも、大きな責任を固有財産で負わされるおそれがあることを覚悟しておく必要がある。信託行為において適切な定めが設けられていれば、そのような事態は避けられる。ただ、これは、[設例 2 - 11] やそれに類する程度の定めでは、受託者の事務処理の負担を増すだけの結果にもなりうるため、「言うは易く行うは難し」のように思われる。

---

88)　旧法下において、能見 93 頁。現行法下において、能見＝道垣内編・前掲注 20）70 頁以下参照。

第3章　受益者

第3章　受益者

I　序　論

> 「信託はまさに受益者のために設定されるのであり、受益者は信託の利益を享受する主体として、受託者および信託財産とならぶ、信託における基本的な要素である。受益者の存在しない信託は考えられない。」[1]

現行信託法においては、受益者の定めのない信託の有効性が確認された。したがって、そのような信託については、もちろん別であるが、受益者の定めがある信託において、受益者は、信託に特有の効力が認められるための要となる存在であると考えられる[2]。

信託の本質は、信託財産を受託者の財産であるとしつつ、信託の目的の実現のために、その財産の独立性を認めることにある。この信託の目的の実現と信託財産の独立性は、受託者に事務処理を委ねておけば自然に達せられる、というものではない。それを確保するための仕組みが必要となる。そして、その仕組みは、受託者以外の者が、受託者の信託事務の処理および信託財産にかかる行為を監視または制約し、場合により受託者に行為の責任を問うことが中心にならざるを得ない。

---

1) 能見173頁。
2) 受益者の定めのない信託には、受益者の定めがある信託にはない制限が設けられている。それは、信託に特有の効力が認められるための要が欠けていることによるものであると考えられる。

Ⅰ　序　論

　この役割を担うのに相応しいのは、受益者を措いてほかにない。信託の目的の実現と信託財産の独立性に関心と利益を有するのは、委託者と受益者であるところ、委託者を信託の運営に強く関わらせることは、委託者は信託財産の拠出者であるだけに、委託者による信託財産の実質的支配の継続や信託の運営の歪みを生むおそれがあるからである。

　受益者は受益権を有する者であるが（信託2条6項）、受益権は、受益者が個人的に利益を取得するためのものであるだけでなく、受益者に上記のような信託における役割を担わせるための手段となるものでもある。そのため、受益権は、信託法上、受益者が個人的利益を取得するための権利と、その利益の実現を確保し、かつ、信託における役割を担うための権利を含む、特徴あるものとして構成されている（信託2条7項参照）。受益権の権利としての特徴がどこにあり、それは何のためであるのかを明らかにすることは、信託という制度を理解するうえで重要な意味をもつと思われる。そこで、本章Ⅱにおいて受益者による受益権の取得に関し、本章Ⅲにおいて受益権の消滅に関し、受益権に特徴的な事柄を取り上げ、その所以や意義を検討する。

第3章 受益者

Ⅱ 受益者の権利の取得と譲渡

1 はじめに

　受益者とは、受益権を有する者をいう（信託2条6項）。そして、受益権とは、受益債権およびこれを確保するために信託法の規定により認められる権利（以下、「その他の権利」ということがある）をいう（同条7項）。受益権も、権利の一種であるから、変動する。権利の主体である受益者に焦点を合わせていえば、受益者が、受益権を取得すること、受益権の内容が変わること、受益権を失うことがある。
　受益権は受益債権とその他の権利からなるため、受益権の取得、変更または喪失は、当然のことながら、受益債権およびその他の権利の取得、変更または喪失を意味する。もっとも、それとは別に、受益債権またはその他の権利について、受益権から独立して取得、変更または喪失されることがあるのかが問題になりうる。
　こういった受益者の権利の変動のうち、ここでは、受益者による受益権の取得と放棄、受益権の譲渡、およびこれらに関連する若干の問題を検討する。また、受益者の権利の消滅のうち、受益債権およびその他の権利の期間制限による消滅について、本章Ⅲにおいて取り上げる。

Ⅱ　受益者の権利の取得と譲渡

2　受益者による受益権の取得

(1)　当然取得の原則

「信託行為の定めにより受益者となるべき者として指定された者」は、信託行為に別段の定めがなければ、受益の意思表示を要することなく、「当然に受益権を取得する」（信託88条1項）。受益者による受益権の当然取得は、信託が契約により設定される場合をとくに念頭に置いて、第三者のためにする契約と対比する形で、「契約によって、当事者以外の者に、利益も不利益も与えることはできない」という民法上の一般的な原則に対する例外にあたると説明されている[3]。

このように規定された理由については、受益者となるべき者の保護が強調されている。すなわち、受益者として指定された者が当然に受益権を取得することで、以後、委託者と受託者の合意によって受益権の内容を変更することができなくなる。また、受託者に、各種の義務が課されることになる。このように、受益権の当然取得により、受益者の利益が図られるとされている[4]。

もっとも、信託行為に受益者変更権の定めがある場合には、受益者の地位は保護されていない。そのため、上記の説明は不十分であるとして、受益者の早期出現により、委託者と受託者との合意だけでは信託の変更をすることができなくなる等の効果を生じ、信託のスキームの安定性を高めることに資する、という理由を挙げるものもある[5]。ただ、受益者が現に受益的給付を受けるに至る時など、受益者となるべき者が定められた後一定の時までは、委託者と受託者の合意により、

---

[3]　寺本251頁以下、村松ほか206頁。
[4]　寺本252頁、村松ほか206頁。
[5]　道垣内296頁。また、能見善久＝道垣内弘人編『信託法セミナー3』（有斐閣、2015）2頁以下、とくに11頁。

第3章　受益者

信託行為の内容を変更することができる、あるいは、信託を終了することができるとする信託行為の定めが設けられることもありうる（信託149条4項）。その場合には、受益権の当然取得による受益者の早期出現は、信託のスキームの安定性を高めることにならない。

受益権は受益の意思表示があったときに取得される旨の信託行為の定めがある場合には、受益権の当然取得は認められない（信託88条1項ただし書）。そうであれば、受益権の当然取得が原則とされた理由は、受益権の当然取得の意味を削ぐことになる信託行為の定めがない場合をもとに考えるべきであろう。そのときには、受益権の当然取得の原則は、受益者の保護のためでもあり、信託のスキームの安定性を高めるためでもあるということができる。

そのうえで、受益者の保護に関して、受益のために意思表示を要しないからこそ受益者が直接に利益を受ける場合があることが、より強調されるべきである。たとえば、意思能力を欠き、法定代理人もない者が、利益を享受することができることである[6]。具体的には、認知症を患った者が受ける介護サービスへの支払にあてることを目的とする信託、両親を亡くした乳幼児が受ける保育サービスへの支払にあてることを目的とする信託などで、それらの者が当然に受益者となることには、受益権を取得するために後見人選任の手続を経る必要がないという利点がある。

(2) 受益者の指定または変更

受益者となるべき者は、信託行為において指定されることのほかに、信託行為の定めに基づいて受益者を指定する権利または変更する権利を有する者が指定し、または変更する（以下、この指定と変更を合わせ

---

[6]　新井223頁、福田政之＝池袋真実＝大矢一郎＝月岡崇『詳解新信託法』（清文社、2007）315頁参照。

II 受益者の権利の取得と譲渡

て「指定等」という）ことにより定まる（信託88条1項、89条1項参照）。

　この指定等をする権利（以下、「受益者指定権等」という）を与えられる者に、とくに制限はなく、委託者、受託者、それ以外の第三者が受益者指定権等を有しうる。

　受益者指定権等が取得されるに至る法律構成について、次のように分析されている。

　受託者が受益者指定権等を有する場合には、受託者は、信託事務の内容として受益者指定権等を行使する義務を引き受けている。これに対し、委託者または第三者が受益者指定権等を有する場合には、受益者指定権等が信託行為により創設される。そして、委託者は、自らその指定等を引き受ける。第三者は、委託者との間の委任契約により、受益者指定権等を取得する[7]。

　信託は、委託者が財産を拠出して設定するものである。そのため、誰を受益者として信託の利益を与えるかは、委託者が定めることができて当然である、ということができる。そうであれば、受益者指定権等は、委託者が元来有するものであり、信託行為に受益者指定権等に関する定めが置かれた場合には、委託者が、その受益者指定権等を自ら行使するか、受託者または第三者に代わりに行使させることになると、考えることができそうである。

　上に挙げた見解の眼目は、この考え方を否定することにある。そうすることで、受益者指定権等を与えられた受託者または第三者が死亡した場合に、信託法89条5項本文の結果として受益者指定権等が委託者に復帰することはなく、信託行為の定めに基づいて次順位者が定まらなければ受益者指定権等は消滅するとし、とくに受益者変更権の

7）道垣内298頁以下、能見＝道垣内編・前掲注5）23頁以下、とくに29頁以下。

第3章　受益者

ために受益者の地位がいつまでも安定しない状況になることを避けようとするものである。

　委託者は、その財産を拠出して信託を設定するものであるがゆえに、信託財産の独立性の確保のために、信託の成立後は、信託法が認める範囲でしか信託の運営に関与することができないとされるべきである。これによれば、受益者指定権等は、信託行為の定めにより創設されるが、創設後のその行使は、信託行為の定めを実現するための行為となる。したがって、上に挙げた見解が指摘するとおり、受益者指定権等を委託者が元来有する権利とすることは適当ではない。

　もっとも、受益者指定権等を委託者が有する場合には自己引受けがあり、第三者が有する場合には委託者と第三者との間に委任契約があるとすることには疑問がある。

　第三者が委託者との間の委任契約により受益者指定権等を有するのであれば、別段の定めがない限り、委託者の死亡により受益者指定権等は消滅する（民法653条1号）。また、委託者は、委任の解除により、受益者指定権等を消滅させることができる（同法651条1項）。さらに、第三者は、報酬の支払（有償委任の場合）や受益者の指定等のために調査等の費用を要する場合には、その費用の前払または償還（同法649条、650条1項）を、委任者である委託者に求めることができることになる。しかしながら、こういったことは、当事者の意思にも、信託の運営のための行為とみられる受益者の指定等の性質にも適合しないと思われる。受益者指定権等の付与は、信託行為の定めを実現するものであり、信託行為の定めを実現する役割は、受託者が担うものである。そうであれば、その付与の権限は、受託者に帰属するとみるべきである。

　先に紹介した見解は、受託者は、受益者指定権等を有する場合、その権利を信託事務として行使するとしている。委託者または第三者が指定等をする場合も、その指定等は、信託行為の定めを実現するため

の行為であるから、信託事務の一つということができる。委託者または第三者は、受託者からその事務につき委任を受けて、その指定等をすると解される。受益者指定権等を有する者が信託行為において指名されることがあり、その場合には、委託者がこれを定めたとみることが自然ではある。しかしながら、法律構成上は、信託行為の定めにより受益者指定権等がまず創設され、それを受けて受益者指定権等の付与が問題となり、その付与のための委任は信託行為における指名に従って受託者がするものであるとみることができる。

　このように解する場合、受託者が死亡しても、信託事務処理の権限は新受託者に承継されるから、受託者の死亡を理由として受益者指定権等が消滅することはない。また、誰が委任者であっても任意解除権の行使はありうるが、受託者は、信託事務の処理として委任を解除することになる。受託者が受益者指定権等を有する場合には、指定等に要する費用は、信託財産から支出される。委託者または第三者が受益者指定権等を有する場合には、報酬または費用の請求の相手方は受託者であり、その請求にかかる債務は信託財産責任負担債務となる。

3　受益権の放棄

(1)　信託法上の放棄（遡及的放棄）
(a)　遡及的放棄が認められる理由

　受益権の当然取得といっても、受益者に、その意思を問わずに取得を強制するものではない。受益者は、受託者に対する意思表示により受益権を放棄することができ（信託99条1項本文）、その放棄により、当初から受益権を取得していなかったものとみなされる（同条2項本文）。ただし、信託行為の当事者、すなわち委託者または受託者が受益者となるときは、受益権を放棄することができない（同条1項ただし書）。そうであっても、信託行為の当事者は自らの意思により受益

第3章 受益者

者となるから、受益権の強制取得にはあたらない。

　これに対し、2(1)において例として挙げた意思能力を欠く者が受益者となる場合において、その意思無能力の状態が継続するときは、受益者の意思が問われないまま受益が続き、結果的に、その受益が確定することがある。

　旧法においては、受益者は、受託者に対する補償義務を負うとされていた（旧法36条2項）。そのため、受益権の遡及的放棄を認めることは、不利益負担の強制を避けるために必要なことでもあった。これに対し、現行信託法のもとでは、受益権の取得は法的義務を伴わない。そのため、受益権の遡及的放棄を認める信託法99条は、利益の享受についても意思によらずに強制されることはないという民法の原則に従うものであると説明されている[8]。

　利益の享受といえども強制されないとする原則は、私的自治または自己決定の尊重に由来するが、理念の尊重にとどまるものではない。たとえば、利益の享受が物の取得である場合、物の所有には管理または処分の負担を当然に伴うため、利益享受の強制は、そういった負担の強制を意味することにもなる。物の種類によっては、土地工作物責任（民法717条1項）や土壌汚染の調査や浄化の責任（土壌汚染対策法3条1項、7条1項）といった法的責任を負わされること、税負担が生ずることもある。単に金銭の取得であっても、利益提供者の属性（たとえば、反社会的勢力）によっては、その利益を享受すること自体が社会的に不名誉な事実となることもある。そのため、想定される種々の場合につき適切かつ簡潔な区別を設けるのでなければ、利益の当然享受を免れることができないとすることは、実質的にも適当であるとはいえない。

　ここに述べたことは、受益権の取得についてもあてはまる。し

---

[8] 寺本271頁、村松ほか208頁。

Ⅱ　受益者の権利の取得と譲渡

がって、その意思によらずに受益権を取得した者には、受益権の遡及効を伴う放棄が当然認められるべきであり、かつ、その放棄の機会が実質的に保障されるべきである。

(b)　遡及的放棄が認められない場合

　このように考える場合、次のことが問題となる。すなわち、信託法99条2項ただし書により受益権の遡及的放棄が認められないことになる「第三者の権利を害すること」とは、どのような場合をいうか。また、受益権の放棄の機会が実質的にありながら放棄をしなかった受益者は、その後に遡及的放棄をすることができるか、である。

　信託法99条2項ただし書の「第三者の権利を害する」場合として、たとえば、①受益者が、受益権に、質権など第三者のための権利を設定した場合[9]、②受益者が、信託の変更に合意していた場合[10]、③受益権の放棄により当該信託のスキームが壊れ、信託を組み込んだ金融商品のスキームも壊れることとなる場合[11]、④受益者の債権者が受益権を差し押さえている場合[12]、などが挙げられている。

　このうち、①と②は、受益者が、受益権の取得を前提として、新たな法律関係の形成に自ら関与した場合である。したがって、利益の当然享受を免れる機会の実質的保障の点でも、受益者が第三者の権利を覆すことの不当性の点でも、受益権の遡及的放棄を認めないことに理由がある。

　③と④は、第三者が、受益者の関与なしに、受益権を前提とする法律関係を形成した場合である。これらの場合に受益権の遡及的放棄を

---

9)　寺本272頁、村松ほか209頁注4、道垣内330頁。
10)　寺本272頁、新井誠監修『コンメンタール信託法』（ぎょうせい、2008）306頁〔及川富美子〕。
11)　村松ほか209頁注4。
12)　道垣内330頁。

第3章　受益者

認めないとすることは、利益享受の強制にほかならない。

　しかも、③は、信託の内容の定め方次第で、受益権の遡及的放棄がおよそ認められなくなることを意味する。したがって、この場合にも信託法99条2項ただし書が適用されるとすることは、妥当ではない。

　④は、受益者に債務を履行していないという非があることから、債権者の利益の確保を、受益者の意思の尊重に優先させるものである。価値判断の問題であるが、受益権の取得には(a)に述べたさまざまな負担または不利益を伴うことがあるところ、他人に対して債務を履行していない者はそれらの負担または不利益を強いられても仕方がない、とまでいうことはできないと思われる。また、具体的事情はさまざまでありうるが、一般的にいえば、受益権の取得は不確定なものであり、受益者の債権者を保護すべき必要性は大きくない。以上のことから、この場合も、信託法99条2項ただし書にはあたらないとすべきであると考える。

　次に、受益権の放棄の機会が実質的にありながら放棄をしなかった受益者は、その後に遡及的放棄をすることができるか。

　上に挙げた①と②は、この遡及的放棄が認められない例にあたる。

　受益権の放棄の機会が実質的にあった場合には、放棄をしなかった受益者がその後に遡及的放棄をすることができなくても、利益享受が強制されたとはいえない。また、その場合には、受益権の取得の確定に対する第三者の信頼が強まると考えられる。そこで、この場合には、信託法99条2項ただし書の「第三者の権利を害すること」を緩やかに解釈し、第三者が受ける影響が軽微であっても、受益権の遡及的放棄を認めないとすることが適当であると思われる。たとえば、受益者が受益債権にかかる給付をそれと知りながら自ら受領した場合には、その後の遡及的放棄は、受託者に不当利得返還にかかる処理による信託事務処理の負担を増すことになるため、「第三者の権利を害すること」にあたり、認められない[13]。受益者が、受益権により取得した

ことを知りながら物を自己のものとして保持したと認められるときは、その後の受益権の遡及的放棄は、その物の管理や処分の負担、税の負担等を受益者が免れ、受託者に負わせることになるため、同項ただし書に該当する。

(2) 非遡及的放棄

受益者は、受益権を、財産権一般と同様に（ただし、所有権の放棄が可能かについては議論がある）、将来に向かって放棄することができる。

これは、(1)(b)に述べた場合のように受益権の遡及的放棄ができなくなったときであっても、同様である。もっとも、非遡及的放棄は、権利行使の一種であるから、信義則または権利濫用法理による制約を受ける。そのため、たとえば、放棄により当該信託のスキームが壊れ、信託を組み込んだ金融商品のスキームも壊れるような場合には、受益権の取得をその意思により認めた受益者は、非遡及的放棄も認められないことがある。

受益権の非遡及的放棄に関して、それ自体を認めるもの[14]と、受益者は残存する受益債権全部を放棄することにより受益権を消滅させることができると説くもの[15]がある。

後者は、信託法上の放棄と区別するための論理構成を示そうとするものと思われる。しかしながら、受益者は、受託者に対して[16]、「受益権を放棄する」旨を通常述べ、「受益債権全部を放棄する」とは表示しないだろう。論理構成のほかに区別の実益があるわけでもないか

---

13) 信託法99条2項ただし書の「第三者」には、受託者も含まれる（村松ほか208頁）。
14) 寺本273頁注2および注4、道垣内331頁。
15) 村松ほか209頁注3、福田ほか・前掲注6）343頁。
16) 道垣内331頁。

第3章　受益者

ら、受益権自体の非遡及的放棄を認めてよいと思われる。

4　受益権の譲渡

(1)　信託法の規定の概要

　受益権の譲渡については、信託法に、指名債権の譲渡に関する現行民法の規定とおおむね類似の規定が設けられている。

　すなわち、受益権は、原則として、譲渡することができる（信託93条1項本文、民法466条1項本文参照）。

　ただし、性質による譲渡制限（信託93条1項ただし書、民法466条1項ただし書参照）のほか、信託行為の定めによる譲渡制限が認められる（信託93条2項本文、民法466条2項本文参照）。もっとも、後者の制限は、善意の第三者に対抗することができない（信託93条2項ただし書、民法466条2項ただし書参照[17]）。

　受益権譲渡の受託者に対する対抗要件は、譲渡人から受託者に対する通知または受託者の承諾であり（信託94条1項、民法467条1項参照）、受託者以外の第三者に対する対抗要件は、その通知または承諾が確定日付のある証書によってされることである（信託94条2項、民法467条2項参照）。そして、受託者は、通知または承諾がされるまでに譲渡人に対して生じた事由をもって譲受人に対抗することができる（信託95条、民法468条参照）。

　指名債権譲渡に関し民法468条1項に定められている債務者の異議を留めない承諾による抗弁の切断に相当する規定は、受益権の譲渡については存在しない。なお、改正民法では、指名債権譲渡についても、債務者の異議を留めない承諾による抗弁の切断は生じないことと

---

17) 民法改正に伴い、譲渡制限を重大な過失により知らなかった第三者にも対抗することができることに変更される（改正民法466条3項）。

Ⅱ　受益者の権利の取得と譲渡

なる。

(2)　受益権の譲渡の制限
ⓐ　性質上の制限

(1)において述べたとおり、受益権には原則として譲渡性があるものの、性質上の譲渡制限または信託行為の定めによる譲渡制限が認められる。

このうち、とくに性質上の制限については、指名債権、とくに金銭債権の性質上の譲渡制限と同様に考えてよいかが問題となる。

指名債権の性質上の譲渡制限については、給付の客観的性質によってのみ判断されるのではなく、債権の発生原因、債権の内容、債権の行使または債務の履行において債権者の行為がもつ意味、債務者の利益などを総合して判断すべきであるとされている[18]。そして、契約の趣旨または目的からして給付が特定の個人に対してされなければ意味がない場合は、性質上の譲渡制限にあたるとされ、その例として、契約上の扶養請求権が挙げられている[19]。ここでは、親族間の法定の扶養義務に代わるもの、またはそれに類するもの、すなわち困窮者に対する生活援助を契約により与える場合がおそらく想定されており、契約の趣旨または目的による給付の相手方の固定が広く認められるとは考えられていないと思われる。

このことを前提とするならば、契約上の扶養請求権に相当する利益を受益者に与えることを目的とする信託が設定された場合には、その受益権は、性質上譲渡することができないことになろう。ただ、信託では、受益権が委託者の欲する特定の目的を実現するために特定人に与えられることがよくある。委託者が配偶者、子孫その他の親族等に

---

18)　奥田昌道『債権総論〔増補版〕』（悠々社、1992）426頁、中田裕康『債権総論〔第3版〕』（岩波書店、2013）522頁。

19)　奥田・前掲注18) 426頁、中田・前掲注18) 522頁。

第3章　受益者

対し、それらの者が困窮状態になくても、よりよい生活、教育、健康等のための経済的援助として受益権を与えること、委託者がその死後にペットの飼育や祭祀の維持にあたる者に対し、飼育や維持の費用を賄うために受益権を与えることは、その例である。こういった場合に、信託の趣旨または目的から、給付は特定の受益者に対してされなければ意味がないとし、性質上の譲渡制限が認められるかどうかが問題になる。

たとえば贈与の場合も、受贈者のよりよい生活や教育のためなど、贈与者が特定の目的をもって特定の者に贈与をすることがある。ただ、贈与の場合には、そこにいう「目的」は、動機に留まり、法的意味を容易には認められないことが一般的である。それに対し、信託は一定の目的を達成するために認められる制度であり、したがって、信託の目的は、信託により生ずる法律効果の基礎となるものとみることができる。そうであれば、性質上の譲渡制限に関して、受益権については契約による指名債権と異なる扱いとすることも考えられる[20]。

信託の目的が、受益者の決定や受益権の内容を決定する基準となることは確かである。しかしながら、信託の目的に鑑みて受益権の譲渡制限を認めるとしても、その制限は、絶対的なものではない。たとえば、委託者と受益者が、その制限を解く旨の信託の変更の意思表示を受託者に対してすることにより（信託149条3項1号）、受益権の譲渡が可能になる。そうであれば、受益権の譲渡制限を認めるかどうかは、委託者の意思の尊重と受益者の権利行使の自由の、いずれを重視するかという問題である。

受益権の内容は、委託者が相当自由に決められる。このことから、

---

20) 道垣内324頁は、信託行為における譲渡制限の「定めが信託目的とどのように結びついているかを考慮し、信託目的との関係で合理性のある定めであれば、そのような受益権は、信託行為の定めによってではなく、その性質上、譲渡ができないと考えるべきである」とする。

Ⅱ　受益者の権利の取得と譲渡

信託の目的から看取される委託者の意思を尊重することも考えられる。

しかしながら、受益権は、そのようなものであるとしても、ひとたび与えられた以上は受益者の権利であることに変わりはなく、受益者に処分の自由を広く認めることが望ましい。

また、委託者は、信託行為の定め方次第で、受益権を事実上譲渡することができない状況をかなりの程度作り出すことができる。たとえば、受益者への給付額を受託者が信託の目的と信託行為に定められた基準に従って裁量により定めることとすれば、受益権の譲受人は給付を受けられない（おそれがある）ため、譲渡を事実上制限することができる。受益権の譲渡を受益権の消滅事由または受益者変更の事由とする場合、信託の目的を受益者が代わると達成不可能なものとする場合[21]も同様である。さらに、受益者の生活、教育、健康等に資することを目的とする信託において、受益者に金銭の支払等をすることはせず、受益者がそれらの目的の範囲内にある物やサービスの提供を受ける場合に、受託者がその相手方（売主、学校、病院等）に対してその対価を支払うというように、受益債権にかかる金銭の支払等の現実の給付をもっぱら第三者に対してすると定めることによっても、受益権の譲渡を事実上制限することができる。

そこで、委託者がこういった工夫をしなかった場合には、受益者の財産処分の自由を重視することが適当であり、受益権の性質上の譲渡

---

[21]　道垣内323頁は、特別障害者扶養信託を例に挙げて、この場合に受益権の譲渡を認めて信託目的の達成不能により信託を終了させることが妥当でないことを、性質上の譲渡制限と解すべき理由の一つとしている。しかしながら、特定の受益者の利益を図るための信託において、信託目的の達成が不可能になり信託が終了することになるという理由から、受益権の放棄（非遡及的放棄を含む）が認められないとされることはないだろう。そうであれば、受益者による受益権の処分である点で受益権の放棄と同じである受益権の譲渡の結果として信託が終了することは、受益者保護の見地からすれば不合理に映ることがあるかもしれないが、やむを得ないと思われる。

制限を容易に認めるべきではないと考える[22]。

(b) 信託行為の定めによる譲渡制限

信託行為の定めによる受益権の譲渡制限（信託93条2項本文）は、譲渡が制限される旨を明示する信託行為の定めがある場合には、当然認められる。そのほかに、信託の目的または受益権の内容の定めの解釈により認められること（黙示の譲渡制限）もあるか。

法律行為の解釈一般に従えば、黙示の譲渡制限は認められないとする理由はない。そのうえで問題となるのが、どのような場合に譲渡制限の定めがあると認められるかである。ここでも、委託者の意思の尊重と受益者の権利行使の自由のいずれを尊重するかが問題になる。

これに関し、特定の者の経済的援助を目的とする信託などにおいて、受益権の譲渡を認めることが信託の目的に反することとなる場合には、受益権の譲渡制限が黙示に合意されていると認めるべきであるとする見解がある[23]。

ここにいう「合意」が誰と誰との間のどのような合意を意味するのか、必ずしも明らかではないが、この見解が信託法93条2項の定める譲渡制限について述べるものであるとすれば、一方で、信託行為の定めは受益者の関与なしに設けられるものであるため、その定めによる譲渡制限は、指名債権の契約による譲渡制限と異なり、受益者がその制限を認識していないことがある。他方で、信託行為に受益権の譲渡を制限する旨を明確に示す定めを設けることにつき、委託者には何

---

[22] 受益権につき性質上の譲渡制限を広く認めることには、それによって受益（債）権の差押え・譲渡命令（または転付命令）による移転を避けることでき、受益者の利益と信託目的の実現に資することになるという考慮も（大きく）働いていると思われる（道垣内324頁）。しかしながら、この点については、金銭債権一般と異なる扱いをすることが適当であるかが問題になる（村松ほか226頁注7参照）。

[23] 村松ほか226頁注7、田中和明『詳解信託法務』（清文社、2010）363頁。

の困難もない。そうであれば、受益者にその認識を期待することができるような定めがされている場合でなければ、信託行為の定めによる譲渡制限を認めるべきではない。そして、特定の者を経済的に援助するためにその者に受益権が与えられる場合であっても、受益権の譲渡により得られる対価その他の利益がその者を経済的に助けることもある（生活、教育、健康など特定の目的での援助とされている場合であっても同様である）から、信託行為の目的および受益権の内容の定めの解釈を通して信託行為の定めによる受益権の譲渡制限を容易に認めることは、適当ではないと考える。

5 受益権を構成する権利の譲渡

(1) 受益債権のみの譲渡

受益権は、受益債権とその他の権利から構成される。そこで、受益者が、受益権を有しつつ、受益債権のみ、またはその他の権利のみを譲渡することができるかが問題になる。

受益権の譲渡が、受益権の内容である利益（以下、「受益的利益」という）を受益者に得させる必要があるために性質上制限されるときは、受益債権の譲渡制限が先決されていることになる[24]。信託行為の定めによる受益権の譲渡制限が、給付の相手方の固定の趣旨を含むときも同じである。

それ以外のときには、受益者は、受益権と切り離して、受益債権のみを譲渡することができる。

受益債権の譲渡性に関し、受益債権は受益権の中核的要素であることから、受益債権の存しない受益権は存在し得ないとして、受益債権

---

[24] 村松ほか225頁、道垣内324頁は、受益債権の性質上の譲渡制限が、受益権の性質上の譲渡制限を導くとする。

第 3 章　受益者

の全部を譲渡することはできないとする見解がある[25]。

　受益者以外の者が受益的利益を得ることが制限されない場合に、受益債権の全部譲渡は許されないとすることは、信託による利益を全く受けない者が受託者の監督や信託にかかる意思決定をすることによる信託の運営の歪みを案じてのことであろう。ところが、受益者代理人がある場合には、受益的利益を受けない者が受益債権以外の権利を（信託 139 条 1 項本文かっこ書および同条 4 項により除外されるものを除き）もっぱら行使することになる。したがって、信託法上、受益権の質的分離が想定されていないわけではない[26]。また、受益債権のごく一部を残せば受益債権を分割譲渡することが認められるのであれば、全部譲渡を禁ずることに実質的な意味があるとはいえない。全部譲渡に相当する分割譲渡も許されないとすることは考えられるが、それでは、受益債権の譲渡が不安定になる。したがって、受益者以外の者が受益的利益を受けることが制限されていない場合には、受益者は、受益権を有したまま受益債権の全部を譲渡することもできると解すべきである。

　受益債権の譲渡は、受益権の譲渡と異なり、指名債権の譲渡である。したがって、受益債権の譲渡に関しては、民法の規定が適用される。これによると、現行民法のもとでは、受益債権の譲渡については、受益権の譲渡と異なり、受託者の異議を留めない承諾による抗弁切断効が認められる（民法 468 条 1 項）。もっとも、受託者が異議を留めない承諾により抗弁を放棄することは、権限違反または善管注意義務違反にあたりうる。その場合に、二重弁済等のために信託財産に損失等が生じたときは、受託者は、信託法 40 条 1 項による損失てん補等の責任を負う。なお、平成 29 年民法改正により現行民法 468 条 1 項

---

[25]　村松ほか 225 頁注 2、田中・前掲注 23）364 頁。
[26]　道垣内 347 頁。

の規定は削除されたため、改正民法下ではこの問題は生じない。

(2) その他の権利のみの譲渡

受益権を構成する受益債権以外の権利のみを譲渡することは、認められないと解される。

信託行為において予定されていない者が信託の運営に介入することは本来好ましくないところ、受益債権以外の権利は、それだけでは財産的価値がないため、これを独立の取引客体と認めることについて受益者に保護されるべき利益があるとはいえないこと、代理行使は妨げられないため、譲渡することができなくても受益者は害されないことが、その理由である[27]。

---

27) (1)に述べたように受益債権の全部譲渡を認めるならば、受益債権の全部譲渡後の受益権の譲渡は、実質的には、その他の権利のみの全部譲渡になる。この場合、受益権の譲渡ができなくなるわけではないが、譲渡の相手方は受益債権を有する者に限るとすること、または、その譲渡には受益債権の権利者の同意を要するとすることも考えられるだろう。

第3章 受益者

Ⅲ 受益者の権利の期間制限

1 はじめに

　信託において、受益者とは受益権を有する者であり（信託2条6項）、受益権は、受益債権とこれを確保するために信託法によって認められる権利からなる（同条7項）。
　受益権については、権利が行使されない状態が一定の期間継続した場合に、消滅時効その他により消滅することとする旨の規定は存在しない。
　これに対し、受益債権など受益権を構成する権利のなかには、信託法において、一定の期間行使されないことによる権利の消滅が定められているものがある。これを定める信託法の規定には、たとえば民法または商法における消滅時効その他の期間制限に関する規定と比べて、特徴のあるものが少なくない。もっとも、そのなかには、規定の内容が必ずしも明確ではないように思われるものもある。さらに、平成29年6月に成立した改正民法において消滅時効の制度は大きく変更されたことから、その変更が受益者の権利にかかる信託法上の期間制限に関してもつ意味を確かめる必要があると思われる。
　こういったことから、以下において、受益者の権利にかかる期間制限について整理し、若干の検討を行う。具体的には、次の三つの期間制限を取り上げる。

Ⅲ　受益者の権利の期間制限

　第1に、受託者の権限違反行為にかかる受益者の取消権の期間制限（信託27条4項）である。
　第2に、受託者の損失てん補等の責任にかかる債権の期間制限（信託43条1項・3項・4項）である。
　第3に、受益債権の期間制限（信託102条）である。

2　受託者の権限違反行為にかかる受益者の取消権の期間制限

(1)　信託法の規定とその特徴

　受託者の権限違反行為にかかる受益者の取消権は、受益者（信託管理人が現に存する場合には、信託管理人）が取消しの原因があることを知った時から3か月間の消滅時効にかかる。また、当該行為の時から1年の経過により消滅する（信託27条4項。除斥期間の定めと解されていると思われる）[28]。非常に短い期間しか権利を行使することができない点に、特徴がある。
　なお、受託者の利益相反行為にかかる受益者の取消権についても、これと同様の期間制限の定めがある（信託31条7項による27条4項の準用）。
　旧法33条は、受託者の本旨違反処分にかかる受益者の取消権（旧法31条）について、受益者が取消しの原因を知った時から1か月間または処分の時から1年間という期間制限を定めていた。信託法27

---

[28]　信託法27条4項が定める期間について、その性質を明確に述べるものはあまりない。もっとも、旧法31条については、四宮256頁が、本文のとおりの区別をしていた。また、民法126条について、近時は、短期の5年間は消滅時効期間、長期の20年間は除斥期間とする見解が有力である（四宮和夫＝能見善久『民法総則〔第9版〕』（弘文堂、2018）338頁、山本敬三『民法講義Ⅰ〔第3版〕』（有斐閣、2011）383頁）。

第3章 受益者

【表3-1】

信託法	旧信託法	民法
第27条第4項 第1項又は第2項の規定による取消権は、受益者（信託管理人が現に存する場合にあっては、信託管理人）が取消しの原因があることを知った時から3箇月間行使しないときは、時効によって消滅する。行為の時から1年を経過したときも、同様とする。	第33条 第31条ニ規定スル取消権ハ受益者又ハ信託管理人カ取消ノ原因アルコトヲ知リタル時ヨリ1月内ニ之ヲ行ハサルトキハ消滅ス処分ノ時ヨリ1年ヲ経過シタルトキ亦同シ	第126条 取消権は、追認をすることができる時から5年間行使しないときは、時効によって消滅する。行為の時から20年を経過したときも、同様とする。

条4項は、旧法33条の定める期間につき「あまりにも短すぎる」[29]という批判もあったことから、短期のほうを長くしたものである。それでも、すでに法制審議会信託法部会において、なお短すぎるという意見が出されていた[30]。

(2) 信託法の規定の理由

旧法33条がごく短期の期間制限を設けていたのは、「受託者が財産権の名義帰属者であるところから、取引の安全を顧慮したため」[31]であるとされている。

この理由は、現行信託法においても妥当しうる。しかしながら、現

---

29) 四宮256頁。
30) 法制審議会信託法部会第22回議事録。
31) 四宮74頁。

行法には、取消権の発生要件につき旧法と異なる点が二つある。第 1 に、取消しの対象となる行為が、旧法では、信託の本旨に反する処分であったのに対し、現行法では、受託者の権限違反行為である。この変更は、取消しが可能となる場合を明確化したものであると説明されており[32]、この点ですでに、取引安全への配慮が一定程度されている。第 2 に、旧法では、信託の登記または登録をすべき財産についてはその登記または登録があるときに、それ以外の財産については相手方または転得者に信託の本旨違反につき悪意または重大な過失があるときに、取消可能とされていた。信託の登記または登録をすべき財産の本旨違反処分は、相手方等が善意無過失であっても取り消すことができたのである。これに対し、現行法では、権限違反行為であることにつき相手方に悪意または重大な過失があるのでなければ、取消しは認められない。そのため、相手方の信頼保護への配慮は必要ない[33]はずである。

　法制審議会信託法部会では、取消権を行使することができる期間を延ばすことに対して、大量の信託財産を日々動かす商事信託を考えると適当でない、とする意見が出されていた[34]。しかしながら、商事信託であっても、受託者は、権限違反行為をした者であり、相手方も、上記のとおり保護に値しないものであることに変わりはない。その場合に、取引の大量性ゆえに不当取引の結果の除去がなぜ阻まれるべきなのか、理解しがたい。また、民事信託が今後増えた場合にこれでよいといえるかにも、疑問がある。

　信託法 27 条 4 項の期間制限の基礎には、転得者の保護という考えもあるかもしれない。取消権がごく短い間しか行使可能でなければ、その間に転得者が現われる蓋然性は低くなり、その意味で、取引安全

---

32)　寺本 105 頁。
33)　道垣内 84 頁。
34)　法制審議会信託法部会第 22 回議事録。

の保護に寄与するからである。しかしながら、転得者についても、保護に値する者だけを保護すればよいはずである。そのためには、転得者の主観的態様により取消しを対抗することができないとすることなどが望ましい[35]。

(3) 信託法の規定の問題性

意思表示または契約にかかる取消権については、追認をすることができる時から5年間または行為の時から20年間の期間制限がある（民法126条）。かりに信託法27条4項の期間を長くすべきであるとしても、現状に鑑みれば、これと同様にすべきであるとまではいえない。

ただ、時効一般について、催告に、事実上、時効期間を最長6か月間延長する効果が認められている（民法153条、改正民法150条参照）。これは、権利者が時効完成の間際になって時効の完成を阻止しようとする場合に、裁判の提起など権利行使の準備期間としてその程度は必要であろう、という考慮によるものである。受益者が取消しの原因があることを知った時から3か月間という信託法27条4項が定める期間は、催告による時効期間満了の延期の基礎にあるこの考慮に鑑みても、あまりにも短い。

行為の時から1年間という行使期間制限については、その間に受益者が取消しの原因があると知るに至る蓋然性の程度が問題になる。信託事務処理に関する情報は、ほぼすべて、受託者のもとにある。受益者には、疑いを抱かせることになる具体的な事情がない限り、通常、年に1度の貸借対照表、損益計算書等の書類の内容報告（信託37条3項）を通してしか、受託者の権限違反行為を知る機会がない。しか

---

[35] これに関しては、佐久間毅「受託者の『権限』の意味と権限違反行為の効果」信託法研究34号（2009）49頁以下を参照。

III 受益者の権利の期間制限

も、その報告から権限違反行為を知ることを、どの程度期待することができるだろうか。さらに、権限違反の疑いをもったとしても、取消しのためには、相手方の主観的態様を調べる必要もある。こういったことからすれば、行為の時からわずか1年の間に取消権の行使を期待することには現実味がない、といっても過言ではないと思われる。

　短期の期間制限の定めがある取消権として、詐害行為取消権があり、債権者が詐害行為を知った時から2年間または行為の時から20年間（改正民法では10年間）の期間制限が設けられている（民法426条）。そして、受託者の権限違反行為にかかる受益者の取消権は、詐害行為取消権と同じ趣旨のものであるとする見解もある[36]。この見解からすれば、受託者の権限違反行為にかかる受益者の取消権について短期の期間制限がされることは、自然なことといえるであろう。

　そうであっても、信託27条4項が定める期間は、民法426条が定める期間と比べても著しく短い。また、詐害行為は債務者の財産状態が悪化したときにされることから、債権者は、債務者の監視を強めており、問題への早期対処が可能な状況にあることが多いということもでき、受託者の権限違反行為の場合と事情が大きく異なる。

　以上のことからすれば、信託法は、受託者の権限違反行為について、受益者に取消権を付与しているものの、その行使による問題処理を基本的には想定せず、その行為により信託財産に損失または変更が生じたときに、受益者の受託者に対する信託財産の損失のてん補または原状の回復（以下「損失てん補等」という）の請求（信託40条1項）による処理を志向するものとみることができる[37]。しかしながら、権限違反行為があっても信託財産に損失を生ぜず、取消しによらなければ

---

[36] 古い学説については四宮253頁参照。近時のものとして、松尾弘「信託法理における債権者取消権制度の展開――詐害信託取消権と受益者取消権を中心に」米倉明編著『信託法の新展開――その第一歩をめざして』（商事法務、2008）77頁以下。

第3章　受益者

原状の回復をすることができないことがある。また、民事信託が広く行われるようになり、受託者となるものが多様化することも考えられる。こういったことから、上記のような処理には疑問がある。

3　受託者の損失てん補等の責任にかかる債権の期間制限

(1)　信託法43条1項の消滅時効期間の定め

　受託者の権限違反行為その他の受託者の任務違反行為により信託財産に損失または変更を生じたときは、受益者は、受託者に対し、その損失のてん補または原状の回復を請求することができる（信託40条1項）。この債権の消滅時効は、受託者のこの責任は受益者に対する信認義務違反に基づく債務不履行責任と位置づけることが相当であるとして[38]、債務不履行責任にかかる債権の消滅時効の例によることとされている（信託43条1項）。

　これによると、時効期間は、現行法下では、受益者がその債権を行使することができる時から10年間が原則（民法166条1項、167条1項）であるが、信託の引受けが商行為となるときは5年間となる（商法522条）。

---

37)　これは、受託者の競合行為の禁止に違反する行為にかかるいわゆる介入権の期間制限（信託32条5項）についても、同様に妥当すると思われる。
　　信託法32条5項は、受益者の介入権につき行為の時から1年間の期間制限を定めている。これは、平成17年改正前商法264条4項にあわせたものであろう。しかしながら、上記商法の介入権と異なり、信託法32条5項の介入権は、対象となる行為の効果の帰属先がいずれにせよ受託者であり、その行使により相手方は影響を受けない。また、第三者の権利を害する場合には、受益者は介入権を行使することができないとされている（信託32条4項ただし書）。そうであれば、介入権の行使期間についても、これをごく短期に制限すべき理由はないと思われる。

38)　寺本162頁。

(2) 信託法 43 条 1 項による消滅時効期間の起算点

　民法 166 条 1 項にいう「権利を行使することができる」とは、権利行使につき法律上の障害がなく、さらに権利の性質上行使を現実に期待することができることをいうとするのが判例[39]であり、債権者が債権の取得を知らないことなど、権利行使に事実上の障害があることは、時効の進行を妨げない。ところが、信託事務処理に関する情報は、受託者がほぼ独占しており、任務違反行為があっても、それを受益者が知ることは容易ではない。また、信託財産は、受託者の支配下にあるため、信託財産に生じた損失または変更を受益者が知ることも容易ではない。こういった事情を考慮すれば、受益者が受託者の任務違反行為による信託財産の損失等の発生を知ることができないのは、性質上の障害に近いともみうる。こういったこともあり、信託法 43 条 1 項の消滅時効については、受益者が受託者の任務違反行為を知った時、または知るべきであった時を起算点とすべきであるとする見解が唱えられている[40]。

　債権の消滅時効については、平成 29 年民法改正により、大きな変更があった。改正民法の施行後に生じた債権については、民事債権か商事債権かの区別に意味はなくなり、消滅時効期間は、債権者がその債権を行使することができることを知った時から 5 年間、またはその債権を行使することができる時から 10 年間となる（改正民法 166 条 1 項）。このうち、5 年間の消滅時効期間については、信託法 43 条 1 項においてもそのまま適用される。それに対し、10 年間の消滅時効期間については、受益者が受託者の任務違反行為を知った時、または知るべきであった時を起算点とすべきであるとする見解が、引き続

---

39) 最大判昭和 45・7・15 民集 24 巻 7 号 771 頁、最三判平成 8・3・5 民集 50 巻 3 号 383 頁ほか。
40) 木村仁「受託者の損失てん補責任・原状回復責任」金融・商事判例 1261 号 (2007) 70 頁、道垣内 255 頁。

第3章 受益者

き妥当するというべきであろう[41]。

　受託者の損失てん補等の責任にかかる債権の消滅時効は、受益者が受益者としての指定を受けたことを知るに至るまでの間（受益者が現に存しない場合には、信託管理人が選任されるまでの間）は、進行しない（信託43条3項）。受益者は、原則として、受益の意思表示を要せず当然に受益権を取得する（信託88条1項本文）。そのため、受益者が、受益権を有することを知らないことがありうる。信託法43条3項は、その間に消滅時効が進行することによる不利益から受益者を保護するための特則とされている[42]。

(3) 信託法43条4項の除斥期間の定め

　以上によれば、受託者の損失てん補等の責任は、消滅時効期間が進行を開始しないために、永続することがありうる。そこで、信託財産に損失等が生じた時から20年の経過により、受託者の責任は消滅することとされている（信託43条4項）。これは、権利関係の安定性が損なわれることを避けるために、民法の諸規定に準じて設けられた除

---

41) 道垣内255頁。
　なお、受託者が法人である場合の役員の連帯責任の消滅時効に関する信託法43条2項については、平成29年民法の一部を改正する法律の施行に伴う関係法律の整備等に関する法律51条において、次のように改めることとされている。
「第41条の規定による責任に係る債権は、次に掲げる場合には、時効によって消滅する。
　一　受益者が当該債権を行使することができることを知った時から5年間行使しないとき。
　二　当該債権を行使することができる時から10年間行使しないとき。」
本文に述べたことは、この規定についても妥当すると考えられる。
42) 寺本163頁。もっとも、受益者に指定されたことを知らされていない受益者が受託者に対する権利を行使することは、権利の性質上期待することができないように思われる。そうであれば、信託法43条3項は、民法166条1項の特則ではなく、解釈規定の性格をもつことになる。

Ⅲ 受益者の権利の期間制限

斥期間の定めであるとされている[43]。

もっとも、除斥期間であるとするこの理由づけには疑問がある。受託者の損失てん補等の責任が債務不履行責任の一種であるならば、そもそも債務不履行責任にかかる債権につき、除斥期間の定めが民法上一般的に存在するわけではない。民法724条後段にかかる判例[44]に準ずるということかもしれないが、その場合には、受託者の損失てん補等の責任を不法行為責任に準ずるものとも捉えていることになる[45]。また、改正民法724条では、不法行為の時から20年間の期間制限も消滅時効であることが明確にされたため、今後は別の説明が必要になる。

そうすると、20年の期間を除斥期間とする理由は、信託特有の事情に求められるべきことになろう。受託者の損失てん補等の責任に関しては、その原因となる行為の時の受益者だけでなく、後の受益者も債権者になりうる。そして、そこには、原因行為の時から長期間経過後に受益者となった者も含まれうる。受託者の負担、信託事務の円滑な処理の観点からは、そのような受益者による請求の余地をなくしておくほうがよい。そのようにすることで受益者の利益が害される程度は、大きくない。こういった考慮から除斥期間の定めがされている、と考えることができるのではないかと思われる。

4 受益債権にかかる期間制限

(1) 信託法102条1項の消滅時効期間の定め

受益債権にかかる期間制限については、信託法102条に規定がある。損失てん補等の責任にかかる債権の期間制限とおおむね同様であ

---

[43] 寺本164頁。
[44] 最一判平成元・12・21民集43巻12号2209頁ほか。
[45] 道垣内256頁。

るが、異なる点もある。とくに消滅時効の援用について、特徴のある定めがされている。

信託法 102 条 1 項において、受益債権の消滅時効は、同条 2 項および 3 項に定める事項を除き、債権の消滅時効の例によることとされている。したがって、時効期間は、現行法下では、受益債権を行使することができる時から 10 年間（民法 166 条 1 項、167 条 1 項）または 5 年間である（商法 522 条）。これに対し、改正民法の施行後に生ずる受益債権については、民事と商事の区別なく、権利を行使することができ、かつ、受益者がそのことを知った時から 5 年間、または権利を行使することができる時から 10 年間となる（改正民法 166 条 1 項）。もっとも、受益債権の消滅時効は、受益者が受益者としての指定を受けたことを知るに至るまでの間は進行しない（信託 102 条 2 項）。

受益債権についても、損失てん補等の責任にかかる債権と同じく、信託管理人の選任により消滅時効の進行が開始することとされている（信託 102 条 2 項かっこ書）。これは、信託管理人が受益債権を行使することができることを前提とするものである。しかしながら、損失てん補等については、請求の結果が信託財産に生ずるので信託管理人がすることに問題はないのに対し、受益債権の行使の結果は、信託管理人による財産の取得と受益債権の消滅となるため、これを認めることは適当でない[46]。したがって、信託管理人の選任による受益債権の消滅時効の進行は、認めるべきでない。

(2) 受益債権の消滅時効の援用

受益債権の消滅時効は、時効期間が経過しても、当然には援用する

---

[46] 佐久間毅「信託管理人、信託監督人、受益者代理人に関する諸問題」信託 234 号（2008）23 頁参照。

Ⅲ 受益者の権利の期間制限

ことができない。受託者が、その「期間の経過後、遅滞なく、受益者に対し受益債権の存在及びその内容を相当の期間を定めて通知し、かつ、受益者からその期間内に履行の請求を受けなかったとき」（信託102条3項1号）、または、その「通知をしないことについて正当な理由があるとき」（同項2号）に援用することができる。このようにされた趣旨は、受託者が時効を援用することには、とくに忠実義務に照らし問題がありうること、とはいえ、およそ援用することができないとすると受託者の債務が永続することになり適当でないことから、その調整を図ることにあるとされている[47]。

信託法102条3項1号において、通知が時効の援用のための要件とされたのは、受益者に権利行使の最後の機会を保障するためである。そうであれば、通知が時効完成後「遅滞なく」されることも、「相当の期間を定めて」されることも、時効の援用のための要件とされる必要はない。

時効期間が経過しても、受託者がそれを認識するまでの間は、この通知がされることはない。その期間が長引いても、受益者が時効の援用の前に通知を受け、相当の期間を与えられるならば、請求の機会が保障されるから、時効の援用が認められてよい[48]。また、請求のための期間が明示されることは、法律関係の明確化の点で望ましいが、そうされなかったとしても、受益者の請求がないまま相当な期間が経過すれば請求の機会は保障されたということができ、時効の援用が認められてよい。

---

[47] 寺本278頁、村松ほか235頁。
[48] 村松ほか236頁注6は、遅れた通知の場合には、信託法102条3項1号で想定されるよりも長期間が経過したのに受益者から請求がないときに、時効の援用をすることに正当な理由があると扱ってよいとする（信託法102条3項2号に基づく時効の援用を認めるということであろう）。しかしながら、この場合により長い期間を受益者に与えるべき理由はない（同旨、道垣内349頁）。

(3) 二重弁済の危険からの受託者（信託財産）の保護

消滅時効の制度には、本来の趣旨がいずれであるかはともかくとして、二つの重要な機能がある。法律関係の確定のために、存在する債権の消滅を認めること、および、弁済した債務者にその証拠の散逸による二重払いの危険を免れさせることである。これに関して信託法102条3項の規定につき問題となるのが、弁済した債務者（受託者）を再度の請求からどのようにして守るかである[49]。

受託者は、信託法102条3項が定める要件のもとでしか、受益債権の消滅時効を援用することができない。ところが、同項1号は、受益者の請求があったときに受託者が債務を履行することを想定するものであり、弁済した受託者にとって、およそ使えるものではない。したがって、弁済した受託者の保護は同項2号によってはかるほかない。問題は、どのような場合に、「通知をしないことについて正当な理由がある」と認めるかである。

弁済の証拠を提出しなければ債務者（受託者）は保護されないとすることは、およそ適当ではない。その立証の困難から債務者を解放することは、上に述べたとおり、消滅時効の欠くことのできない機能の一つだからである。同じ理由から、弁済がされたと推測されることを、ある程度の蓋然性をもって根拠づけることを求めることも、本来適当ではない。そうすると、信託法102条3項2号は、弁済されたはずであるとする「正当な理由」を何らかの証拠をもって根拠づけることを求めるものであるなら[50]、消滅時効制度の重要な機能の一つを否

---

49) これについては、能見＝道垣内編・前掲注5）163頁以下を参照。
50) 寺本281頁は、「受託者の事務処理上は、受益債権は消滅したとの扱いがされているものの、受託者の手元には受益債権の弁済の事実を証する資料が存在せず……、かつ、それが、受託者の一般的な信託事務処理の在り方に照らして、社会通念上不自然・不合理なものとはいえない場合」を、「正当な理由」が認められる場合の例として挙げている。

III 受益者の権利の期間制限

定していることになる。このことからは、信託法は、受託者が消滅時効により受益債権の消滅を主張することに対して消極的であり、受託者は同条 4 項の定める 20 年の経過をもって受益債権の請求にかかる負担から解放されることを基本とするものである、ということもできよう。

しかしながら、これでは、受託者が受益債権の弁済をした場合に、その証拠の保存期間は 10 年間とされているにもかかわらず（信託 37 条 5 項）、それを超える期間の証拠の保存を受託者に事実上強いることにもなりかねない。また、改正民法では、債権の消滅時効期間が 5 年間と 10 年間に分けられ、受益債権の行使が可能であり、かつ、そのことを受益者が知ったときには、受託者は、その時から 5 年の経過により消滅時効の援用が可能になる。これらに加えて、受託者は受益債権の弁済期が来れば遅滞なく弁済する蓋然性がある程度高く、受益者が弁済期の到来から 5 年以上もの間受益債権の行使が可能であることを知るに至らない蓋然性は低いと考えるならば、受益債権の弁済期から 10 年を経過したことをもって信託法 102 条 3 項 2 号の「正当な理由」があると認め、未弁済であることを示す反対の証拠があるときは別とする、としてはどうかと考える。

(4) 除斥期間（信託法 102 条 4 項の期間）の経過による受益債権の消滅

反対に、受益債権が未弁済である場合において、受託者が、受益者の所在を知っており、かつ、通知をすることが困難である事情がないのに信託法 102 条 3 項 1 号の通知をせず、同条 4 項の期間（除斥期間）が経過したときに、受益債権の消滅を認めることにも疑問がある。

信託法 102 条 3 項 1 号が設けられたのは、未弁済の受益債権を一定期間の経過という事実のみにより消滅させるべきではないという考慮からである。また、同条 4 項が定められたのは、そうであっても、

第 3 章　受益者

受益債権にかかる債務は、受託者が、その責めに帰すべき事由により負うものではなく、その職にあるために負う債務であることから、債務を履行しようにもすることができない場合に受託者をその履行に備える事務から解放する必要がある、と考えられるためである。そうであれば、上記のような場合（受託者が、受益債権が未弁済であることと受益者の所在を知っており、かつ、通知をすることが困難である事情がない場合）であることが明らかになったときは、受益債権の同条 4 項による消滅は認められないとすることが考えられるのではないかと思われる。

(5) **受益債権の時効による消滅の効果**

受託者が受益債権の消滅時効を援用すると、受益債権は、起算日に遡って消滅したこととなる（民法 144 条）。そして、受益債権の全部が消滅したときは、受益権は消滅すると解されている[51]。

受益債権の時効消滅に関し、消滅した債権分につき過去に遡って信託財産が減少しなかったこととなり、それに応じて、他の受益者の受益債権の額が現に支払われた額よりも高額であったことになりうるが、そのような事態への対応は極めて困難であるとの指摘がある。そして、そのような事態に備えて、信託行為に、受託者は受益債権の消滅時効を援用しない旨の定め、または、受益債権が時効消滅しても遡及的処理をせずに済むようにする定めを置くことが考えられるとされている[52]。

弁済期の到来したある受益債権が未弁済の場合、その債権額分の金銭は、信託財産に留まるが、未払金等の負債としてこれを控除して、他の受益者の受益債権額を定めることになるはずである。そして、受

---

51)　寺本 278 頁、村松ほか 233 頁。
52)　田中・前掲注 23) 376 頁。

Ⅲ　受益者の権利の期間制限

益債権額は、それを定めるべき日（以下、「基準日」という）にそれを定める基準（以下、「分配基準」という）に従って定められた額となるのであり、信託財産に属するが基準日において受益債権の支払原資とならない金銭が、その後の事情の変化により支払原資とすることができたものであったことになっても、受益債権額の決定が瑕疵あるものになるわけではないと思われる。これは、受益債権の時効消滅に限らず、信託債権の時効消滅の場合にも問題となることであり、弁済期の到来していた信託債権または受益債権が、基準日後に放棄されたり、免除されたりした場合も同じであろう。

　消滅時効の効果は起算日に遡って生ずるが、その効果とは、権利の消滅をいう。他の受益者の受益債権額は、基準日における信託財産の額に基づいて定められる場合であっても、そこにいう信託財産の額とは、受益債権への支払に現実にあてることができる財産の額を指すと解される。消滅時効の遡及効は、この処理を妨げるものではない。時効の遡及効は、継続してきた事実関係をそのまま保護しようとするものであり、債権の消滅時効の場合、複雑な計算を避けるためのものでもある[53]。他の受益者の受益債権額の算定をし直さなければならないとすることは、時効の遡及効の趣旨に反する。

　また、除斥期間による権利の消滅には、遡及効がないとされている[54]。これによると、受益債権の信託法102条4項による消滅の場合には、他の受益者の受益債権額の再算定を要しないことになる。そうであるとして、この問題について、受益債権の時効消滅の場合と除斥期間の経過による消滅の場合とで異なる処理をすることに、合理性はない。

　以上より、受益債権の時効消滅の場合、それによって支払う必要が

---

[53]　梅謙次郎『訂正増補民法要義巻之一〔復刻版〕』（有斐閣、1984）372頁、我妻榮『新訂　民法総則』（岩波書店、1965）42頁。
[54]　四宮＝能見・前掲注28）441頁、山本・前掲注28）611頁。

第3章　受益者

なくなった金額は、その必要がなくなった日、すなわち、時効が援用された日に、他の受益債権への支払原資として扱うことができることになる。その結果、その日以後の受益者に対し、分配基準に従って分配されることが標準となる[55]。

このように考える場合、消滅時効期間が経過した後、受託者がどの時点で時効を援用するかにより、分配を受ける受益者または分配額が変わることがある。そのため、時効の援用の時期に関して、受託者の公平義務が問題になりうる。もっとも、その時期の判断は、受託者の裁量にゆだねられることである。したがって、受託者は、時効の援用を恣意的に遅らせるなど裁量権の濫用とされる場合でなければ、公平義務違反の責任を問われることはない。

---

[55] 道垣内350頁も参照。この処理を明確化するために、または、これと異なる処理とするために、信託行為に定めを置くことは可能である。

第4章　信託の限界

第 4 章　信託の限界

I　序　論

> 「信託は、その目的が不法や不能でないかぎり、どのような目的のためにも設定されることが可能である。したがって、信託の事例は無数にありうるわけで、それを制限するものがあるとすれば、それは、法律家や実務家の想像力の欠如にほかならない。」[1]

　信託の柔軟性は、広く知られている。

　実際、信託を利用することによって、そうでなければできないことが、できるとされることがある。

　たとえば、遺言によって、ある不動産を、最初はAに所有者としてその使用または収益をさせ、Aが死亡したときにはその相続財産にならないものとし、Bに与えるといういわゆる後継ぎ遺贈は、わが国ではすることができないとされている。それに対し、その不動産を信託財産として、Aの生存中はAに使用させ、または収益を全部Aに与え、Aが死亡したときはその不動産をBに取得させることとする信託を設定すれば、実質的に、上記の後継ぎ遺贈と同じ結果を実現することができるとされている。

　この結果が実現されるためには、信託の柔軟性を活かした仕組みが

---

1)　四宮 15 頁。

I 序　論

作られるだけでは足りない。後継ぎ遺贈がかりに私法上無効であるとして、その無効とされる根拠が信託の有効性をも妨げるものではないと認められる必要がある。このように信託の目的または信託の内容が、強行規定またはその性格をもつ判例もしくは一般法理に抵触すること、その意味で不法や不能であるとされることが信託の利用を阻む原因となることは、珍しいことではないように思われる。その場合に、その規定、判例または法理の外延が明確であり、信託の目的または内容がその規定等に反するならば、信託の効力が認められないことは当然である。問題は、それらの規定、判例または一般法理の外延が明確でないことがあり、その不明確さのゆえに、ある信託の有効性に対する疑念が払拭されず、法律関係の不安定への危惧から信託のありうべき有効活用が阻害されることにある。これは、社会の発展にとっても、法または法学の充実にとっても不幸なことである。

　これを避けるには、信託の効力が否定または制限される場合について、その理由を明らかにしたうえで、その理由となる規定、判例または一般法理の内容の明確化を少しでもはかり、信託の効力の否定または制限が実際に妥当なものであるかを、一つずつ検討していくほかない。この検討のごく一部にあたるものとして、本章IIにおいて生前信託の設定と遺留分侵害の問題を、本章IIIにおいて目的信託（受益者の定めのない信託）に対する制限の問題を、それぞれ取り上げる。

第4章　信託の限界

II　生前信託と遺留分減殺

1　はじめに

　信託の設定は、委託者となる者が、その有する財産を処分するという一面をもつ。そして、その信託の受益権を委託者以外の者が無償で取得する場合には、実質的に、委託者から（受託者を通じた）受益者への贈与または遺贈の性格が認められる。そのため、委託者が死亡した場合、信託の設定が、委託者の相続に影響を及ぼすことがある。その代表的な例は、委託者が、契約または遺言により、その死後に相続人の一部が受益者として利益を享受する信託を、その有する財産の全部または大部分を信託財産として設定した場合である。この場合、この信託の設定または相続人の一部による受益権の取得によって、他の相続人の遺留分が侵害されたと認められることがあると、ほぼ異論なくされている。そのうえで、その信託の設定がどのような意味で遺留分を侵害することになるか、遺留分減殺の対象となるものは何であり、減殺請求の相手方は誰かについて、議論がある。

　この問題に関する論考はすでに数多くあり、さまざまな見解が唱えられている。そういったなかで、説得力のある論拠をもってそのいずれかに軍配を上げること、または、新しい考えを提示することができるわけではない。ただ、親子や夫婦の関係にある者が委託者と受益者になる信託の利用が増えているようであり、そのなかに、遺留分侵害

Ⅱ　生前信託と遺留分減殺

の原因となるものがあるならば、いずれ争いが現実化する。その場合に備えて、問題処理に関係する事情や分析の視点を一つでも明らかにしておくことには、意味があると思われる。そこで、以下では、遺言による信託の設定の場合に比べて論じられることが少ない、生前信託の設定と遺留分減殺の問題を取り上げる。

　信託の設定による遺留分の侵害が典型的に問題となるのは、遺言信託や遺言代用信託の場合である。もっとも、遺留分侵害の有無を判断するためには、具体的相続分の算定が必要であり、相続人に特別受益があることは、具体的相続分の算定に影響する（民法903条）。そして、生前信託でも、推定相続人が受益者となる場合には、信託によるその者の受益が後に特別受益に該当するとされることがある。また、相続人に対する無償の利益の供与は、かなり広く民法903条1項の特別受益にあたるとされ、かつ、現行民法においては、時的制限が設けられていない[2]。さらに、同じく現行民法においては、特別受益となる贈与について持戻しが免除されても、遺留分侵害にあたるときはその効力が認められない（民法903条3項参照）[3]。こういったことから、生前信託による推定相続人の利益の享受が特別受益とされる結果、遺留分侵害が起こることがある[4]。

---

2)　民法の相続に関する規定を改正する「民法及び家事事件手続法の一部を改正する法律」（平成30年法律第72号）が、平成30年7月6日に成立し、同月13日に公布された（以下、この法律によって改正された後の民法を「平成30年改正民法」という）。そして、同法では、相続人に対する贈与については、当事者の双方が遺留分権利者に損害を加えることを知ってしたのでなければ、相続開始前の10年間にされたものに限り、遺留分を算定するための財産の価額に算入され（同法1044条3項）、かつ、受贈者たる相続人が遺留分侵害額の請求の相手方になることがある（同法1046条1項、1047条1項）。以下では、現行民法を前提としつつ、必要な限りにおいて、平成30年改正民法に言及する。

3)　もっとも、平成30年改正民法903条3項では、被相続人が持戻免除の「意思を表示したときは、その意思に従う」こととされている。

4)　道垣内62頁。

第4章　信託の限界

2　委託者の死亡により終了する生前信託と遺留分減殺

(1)　序　論

まずは、実例が（将来も含め）どれほどあるかはわからないが、生前信託が委託者の死亡によって終了することとされている場合を取り上げる。

検討に際して、次の［設例4-1］を用いる。

［設例4-1］
　Sが、信託を設定した。当時、Sに、配偶者はすでになく、子BとCがあった。
　Sは、Tとの間の契約により、Tを受託者、BとD（Sのもと配偶者の連れ子）を受益者、信託目的をBとDの生活援助とする信託を設定し、信託財産として1億円をTに交付した。この信託は、Sの死亡により終了することとされ、残余財産の帰属についての定めはなかった。また、当時、Sには、ほかに2億円の財産があった。
　信託の設定から15年後にSが死亡し、その相続人はBとCであった。信託の設定から終了までの15年間、毎月、TからBに対し30万円、Dに対し20万円が支払われていた。信託終了時の信託財産の残余財産額は600万円であった。
　Sは、晩年に散財を繰り返し、投資に失敗したこともあって、死亡時には1000万円を有するだけになっていた。
　［1］　BおよびDへの毎月の給付額は信託行為において定められていたものであり、［2］や［3］のような条項もなかった。
　［2］　Sはいつでも信託を終了させることができるとされていた。
　［3］　Sが受益者変更権を有していた。
　［4］　Tは、BまたはDへの給付額を、その財産の状況に応じて増減することができるとされていた。

Ⅱ 生前信託と遺留分減殺

なお、Sの遺言、持戻免除の意思表示、BまたはCの特別の寄与、貨幣価値の変動等、BとCの遺留分の算定に影響を与える事情は、上記に挙げたことのほかにはないものとする。

また、平成30年改正民法のもとでは、相続人に対する生前贈与についても、両当事者が悪意でしたものでなければ、相続開始前の10年間にされたものに限って、遺留分の算定において考慮されることになる（同法1044条3項）。これにより、［設例4-1］についての具体的な結果（遺留分侵害の有無、その額など）は、現行民法を前提として以下において述べることと異なるところが出てくる。しかしながら、問題の考え方の本質において違いを生ずるものではないため、平成30年改正民法によればどのような結果となるかに、逐一言及することはしない。

(2) 具体的相続分の算定

(a) 受益権の取得の特別受益性

まず、［設例4-1］において、BとCの具体的相続分を確認する。

Bの受益権は、生活援助のために与えられたものである。その受益権に対する給付（以下、「受益的給付」という）は、TからBに対してされ、SとBとの間でされたものではない。しかしながら、この信託の当初信託財産はSが拠出したものであり、Bの受益権は、Sの意思により、無償で与えられたものである。そのため、実質的に、SからBへの贈与がされたのと同一視することができる。信託の設定により遺留分侵害が認められることがあるとするほぼ異論のない捉え方は、このことを前提としている[5]。したがって、［設例4-1］では、Bの受益権の取得は、Cとの公平を害する額に上れば、民法903条1項の特別受益となる。

第 4 章　信託の限界

(b)　生前信託における受益者が得た利益の額

公平が害されたかどうかを判断するためには、B が得た利益の額を明らかにする必要がある。

B が得た利益は受益権であり、毎月の給付は、その受益権の実現である。また、B への給付総額は、T による財産の管理運用など、S から B への実質的利益移転とは異なる事情の影響を受ける。そのため、本来、B の特別受益額とされるべきは、受益権の価額（を、S の相続開始時において評価した額[6]。以下、「受益権の価額」というときには、この意味で用いる）であって、B への給付総額（を S の相続開始時において評価した額。以下、「給付総額」というときには、具体的な金額を示す場合も含めて、この意味で用いる）ではない。

B の受益権は、継続的な権利である。その終期は、[1] と [4] では信託の終了の時であり、S の死亡の時、または、それ以前に信託財産がゼロになるなど他の終了事由が生じた時に、信託が終了する。[2] と [3] では、B の受益権は、これと同じ終期のほか、S が信託を終了させること、または、受益者を B から他に変更することという解除条件に服する。そうすると、B の受益権は「条件付きの権利又は存続期間の不確定な権利」にあたり、その価額は家庭裁判所が選任す

---

[5]　死亡保険金は相続財産を構成しないとするのが判例（最一判平成 14・11・5 民集 56 巻 8 号 2069 頁）であり、受益権との違いが問題とされることがある。形式的には被相続人から承継される権利ではないが、被相続人がその意思により取得者を定める点では、死亡保険金と受益権は同じである。ただ、死亡保険金は被相続人の死亡により発生するものであるのに対し、受益権はそうとは限らない点、死亡保険金は払込保険料との等価性が認められない場合があるのに対し（そうでない場合や、払込保険料または解約返戻金が多額に上る場合には、死亡保険料についても別論になりうる）、受益権は委託者が信託財産とすべく拠出する財産との間におおよその等価性が認められる点に違いがあり、異なる扱いとする理由がある。

[6]　贈与された財産は、相続開始時点を基準に価額評価されるとするのが判例である（最一判昭和 51・3・18 民集 30 巻 2 号 111 頁）。

Ⅱ 生前信託と遺留分減殺

る鑑定人の評価により定められることになる（民法 1029 条 2 項、平成 30 年改正民法 1043 条 2 項）。

ただ、[設例 4 - 1] において、その評価額が B の現実の受取額 5400 万円を上回る場合に、その評価額を B の特別受益額とすることには疑問もある。B は、信託にかかる意思決定および監督の権利を有するとはいえ、その権利を通して信託財産の増大を自らはかることができたと考えることはできない。また、信託の目的からして、受益権の譲渡による現金化の可能性を考慮することも適当ではない。そのため、B には、現実の受取額を上回る利益を手に入れる可能性がなかったと思われるからである。反対に、評価額が 5400 万円を下回る場合も、受益的給付の原資の増大に B が関与することは通常考えられないから、その評価額を B の特別受益額とすることにも疑問がある。受益権の価額の評価は容易でないといわれており、また、その評価は、受託者による将来の信託事務処理を織り込んでされるはずである。そして、当初は条件付きまたは不確定期限付きの権利であったとしても、すでに消滅してその受益的給付の総額が確定したならば、S 以外の者から信託財産の追加がされたことなど特段の事情がない限り、その額をもって受益権の価額、すなわち B の特別受益額としてもよいように思われる。

(c) [設例 4 - 1] における B と C の具体的相続分

かりにこれを前提とするならば、[設例 4 - 1] では、B の特別受益額は、受益的給付の総額である 5400 万円となる。そうすると、B の具体的相続分は、S が死亡時に有した財産の額 1600 万円（信託財産の残余財産を含む。信託法 182 条 2 項参照）に B の上記特別受益額 5400 万円を加えたみなし相続財産額 7000 万円に、その相続分の割合である 2 分の 1 を乗じた額 3500 万円から、特別受益額 5400 万円を差し引いた額、すなわちマイナス 1900 万円に計算上なる（民法

第4章　信託の限界

903条1項)。この場合、同条2項より、Bの具体的相続分はゼロとなる。それに対し、Cの具体的相続分は、計算上、みなし相続財産額7000万円にその相続分の割合2分の1を乗じた額である3500万円となる。しかしながら、Cが実際に受け取ることができるのは、1600万円にとどまる。

(3) 遺留分侵害の有無および額
(a) 遺留分算定の基礎となる「贈与」にあたるもの
次に、遺留分侵害の有無を確認する。

各相続人の遺留分は、被相続人が相続開始時に有した遺産の額（①）に、生前贈与した財産の価額（②）を加え、そこから相続債務を控除した財産額（③）に（民法1029条1項、平成30年改正民法1043条1項）、総体的遺留分率（④）を乗じ（民法1028条、平成30年改正民法1042条1項）、さらに法定相続分（⑤）を乗じて（民法1044条、平成30年改正民法1042条2項）算定する。

［設例4-1］では、①～⑤は、②を除き、はっきりしている。①は1600万円、③はゼロ、④は子2人が相続人であるため2分の1（民法1028条2号、平成30年改正民法1042条1項2号）、⑤も2分の1である（民法900条4号（改正民法でも同じ））。

問題は、②である。Bの特別受益額5400万円は、Bに酷であるなどの特段の事情のない限り、これにあたる[7]。かりに②がこれのみでも、Cの遺留分の侵害がある。上記の算定方法にあてはめれば、(1600 + 5400) × 1/2 × 1/2 = 1750万円となるところ、Cの実際の取り分は、(2)(c)のとおり1600万円であり、150万円不足している

---

7) 最三判平成10・3・24民集52巻2号433頁によれば、相続人に対する特別受益となる贈与は、「減殺請求を認めることが右相続人に酷であるなどの特段の事情のない限り」、民法1030条の要件を満たさないものであっても遺留分算定の基礎となり、遺留分減殺請求の対象になる。

Ⅱ 生前信託と遺留分減殺

からである。

　もっとも、民法 1030 条にいう「贈与」は、同法 549 条以下の贈与に限らず、すべての無償処分を指すとされている。そのため、[設例 4-1] では、D の受益権の取得がここに含まれることもある。また、遺言信託などの場合と同様に考えるならば、信託の設定による T の信託財産の取得がこれにあたるとする考えがありうる。

　しかしながら、信託の設定による委託者から受託者への財産の移転は、無償処分にあたらない[8]。信託財産は、受益者への給付をはじめとする信託事務処理のためにすべて使われ、委託者が託した仕事の「費用」の性格をもち、受託者が無償で取得するものとはいえないからである[9]。なお、信託報酬も、信託事務処理の対価であって、その処理の費用であることに変わりはない。

　もっとも、委託者から受託者への財産の移転は、受益的給付のためのものであることから、他益信託においては、委託者が経済的な見返りなしにするものであるという意味で、遺留分算定の場面では無償処分にあたるともいえそうである。しかしながら、[設例 4-1] がまさにそうであるように、生前信託の場合、受益者に相続人以外の者が含まれるときは、遺留分の算定に関わりのない受益者の利益分がそこに含まれうるから、その財産の移転をもって無償処分とみることは適当でない。受益者が委託者の（推定）相続人のみであるときも、その受益権の取得が民法 903 条の特別受益にあたらないこともあるから、同じである。

　したがって、遺留分の算定および遺留分減殺の対象（平成 30 年改正民法のもとでは、遺留分侵害額の負担の基礎）になりうるのは、受益者による受益権の取得とみるべきである。

---

[8] 道垣内 62 頁以下。
[9] この性格は、遺言信託、遺言代用信託でも同じである。道垣内 63 頁も参照。

第 4 章　信託の限界

　Dによる受益権の取得は、上に述べたとおり、民法1030条（平成30年改正民法1044条1項。以下、略）の「贈与」にあたることがある。Dは、受益権を無償で取得しており、ここでも財産移転の形式ではなく、実質的性格が考慮されるべきだからである。もっとも、DはSの相続人ではないため、遺留分の算定につき考慮されるのは、Dに対する「贈与」のうち、Sの相続開始前の1年間にされたもの（民法1030条前段）、または、Sが遺留分権利者であるCに損害を加えることを知ってしたものに限られる（同項後段）。

　［設例4-1］では、Dに受益権を与える信託の設定当時、Sは、多額の財産を有しており、Cに損害を加えることを知っていたとは考えにくい。

(b)　生前信託における受益者の受益権の取得と民法1030条前段の「相続開始前の1年間にした」「贈与」

　これに対し、民法1030条前段の適用については、[1]～[4]で異なりうると思われる[10]。

　[1]では、信託の設定の時点で、終期が不確定であることを除き、Dの受益権の取得とその内容が確定している。Sからみれば、信託財産とした1億円はその時点で失われており、Dからみれば、以後の受益的給付は取得済みの受益権にかかる支払である。民法1030条前段にいう「相続開始前の1年間にした」とは、契約が相続開始前の1年間に締結されたことを意味し、それより前に締結された契約の履行がその間にされた場合を含まないとされている[11]。そうであれば、

---

10)　以下に述べることは、平成30年改正民法のもとでは、同法1044条3項についても妥当する。すなわち、［設例4-1］でいえば、Sの相続人であるBの受益権の取得が相続開始前の10年間にされた「贈与」にあたるかどうかについても、本文においてDの受益権の取得につき述べることと同様に考えられるべきことになる。

II　生前信託と遺留分減殺

［1］では、Dが得た利益は遺留分算定の基礎にならない。

［2］～［4］は、事情が異なる。DはSの死亡の15年前に受益権を取得しているが、その後にされた受益的給付は、その受益権の確定した内容の実現ではなく、SまたはTのその都度の決定（当該の額をDに与えることを変えないという決定）の結果とみることができるからである。

［2］と［3］では、（Bまたは）Dの受益権の存続は、Sの時々刻々の意思決定によるものであり、その結果として、Dに対する毎月の給付がされたとみることが適当であると思われる。そうすると、Sは、死亡までの1年間も、Dの受益権をそのまま存続させることを決め（これも、無償処分にあたる）、Dへの給付はその結果であることになる。したがって、受益的給付の最後の1年分240万円は、遺留分算定の基礎になる。この場合、遺留分算定の基礎財産は7240万円となり、Cの遺留分侵害額は210万円になる。また、Sの財産状態と認識次第では、それより前の給付分についても、Cに損害を加えることを知ってしたものと評価され、遺留分減殺の対象になることがありうる。

これに対し、［4］では、時々刻々決められるのは、（Bまたは）Dの受益権の存続ではなく、その受益的給付の額である。もっとも、これを受益権の内容を変えるものとみることもでき、また、その受益的給付の額により相続人が取得する残余財産の額が変わるため、遺留分の算定に意味をもつことがありうる。その際、受益的給付の額（内容）を決めるのは誰かが、重要な意味をもつと思われる。［4］では、これを決めるのは受託者Tである。Tは、その決定を受託者の負う義務に従ってするのであり、委託者の代わりにするのではない。そのため、Tの裁量による決定を、Sによる処分と同一視することはでき

11）　中川善之助＝加藤永一編『新版注釈民法（28）〔補訂版〕』（有斐閣、2002）463頁〔中川淳〕。

第4章　信託の限界

ない。これに対し、[4] と異なり、Sの指図により毎月の給付額が定められるときは、[2] および [3] と同様に考えられることになる[12]。

(4) 遺留分減殺の対象、減殺請求の相手方

以上によると、[設例4-1] ではCの遺留分が侵害されており、侵害額は [1] と [4] では150万円、[2] と [3] では210万円となる[13]。

遺留分減殺の対象となりうる財産は、[1] と [4] では信託の設定によりBが取得した受益権、[2] と [3] では、信託の設定によりBが取得した受益権とSの死亡の1年前からのDの受益権である。もっとも、いずれの受益権も信託の終了によりすでに消滅しているため、価額弁償になる[14]。

[2] と [3] では、BとDの受益権は時々刻々与えられ続けたと解されることを前提とするため、受益権を減殺対象財産として厳密に処理しようとする場合には、減殺額210万円を、まず、BとDがとも

---

[12] この点は、実は [2] および [3] に関しても同じである。すなわち、信託の終了権限または受益者変更権をTその他のS以外の者が有する場合に、どのように考えるかが問題になる。
　受益者変更権については、その権限は委託者に元来属しているものではなく、変更権の定めが信託行為に設けられることによって創設され、変更権の行使は受託者から変更権者にゆだねられると解される（第3章 II 2(2)）。これによると、[3] と異なりS以外の者が変更権を有する場合には、[1] と同様に考えられるべきことになる。つまり、[3] の場合には、被相続人である委託者Sが変更権者であるため、例外的な処理がされる。[2] の信託行為の定めによる信託を終了させる権限についても、同様に解することができると思われる。

[13] この場合、Bにとっては、相続放棄をすることが得策である。かりにBが相続放棄をしたならば、Bは、Sの相続人でないことになり、特別受益は問題にならない。そのため、[1] と [4] では、Sの相続財産の額は1600万円であり、これをCが全部取得するから、遺留分侵害は起こらない。[2] と [3] では、みなし相続財産の額は2200万円になるが、Cは1600万円を取得するから、やはりCの遺留分侵害はない。

に減殺対象となる受益権を有した間について、受益権の価額の割合に応じて割り付け[15]、なお不足する場合はBの負担とすることになろうか。そうであれば、[設例4-1]では、Sの死亡までの最後の1年間にBは360万円、Dは240万円の給付を受けているから、(2)(b)に述べたことを前提とすれば、これをそれぞれの受益権のその間の価額と考え、Bは126万円を、Dは84万円を、それぞれCに対して支払うべきことになる。

(5) **残余財産を取得すべき者の定めがある場合**

生前信託において、委託者の死亡が終了原因とされており、残余財産を取得すべき者（残余財産受益者または帰属権利者。以下、「帰属権利者」で代表させる）の定めがある場合には、その帰属権利者による財産の取得が、遺留分算定の基礎となり、遺留分減殺の対象になるかどうかが問題になる。

> [設例4-2]
> [設例4-1]において、信託行為に残余財産帰属権利者をEとする旨の定めがあった（そのほかは、[1]から[4]を含めて、[設例4-1]と同じであるものとする）。

信託が終了した場合、残余財産は、信託行為の定めがなければ、委託者またはその相続人に帰属する（信託法182条2項）。そうすると、

---

14) 平成30年改正民法のもとでは、遺留分を侵害された者は、遺留分減殺の請求ではなく、遺留分侵害となる贈与または遺贈を受けた者に対し、遺留分侵害額に相当する金銭の支払を請求することができる（同法1046条1項）。そのため、本文に「価額弁償」の内容として述べたことが、平成30年改正民法のもとでの遺留分権利者の遺留分侵害額の請求の内容となる。
15) なお、平成30年改正民法1047条1項2号を参照。

第4章　信託の限界

生前信託において委託者の死亡が終了原因とされている場合には、委託者の相続人でない者を帰属権利者とする信託行為の定めは、実質的に、死因贈与の性格をもつともいえそうである。

死因贈与は、遺贈に準ずるものとして（民法554条参照）、遺留分の算定の際にも、民法1030条ではなく同法1029条により処理されるとするのが通説とされている[16]。これによると、死因贈与は、受贈者が相続人か否か、贈与者の死亡の時期および遺留分侵害の認識を問わず、当然に遺留分算定の基礎となり、遺留分減殺の対象になる。

これは、死因贈与の贈与者は、民法550条の規定にかかわらず、いつでもその全部または一部を撤回することが原則としてできるとする判例[17]を前提とするならば、妥当であろう。

しかしながら、死因贈与を撤回することができないとき[18]は、効力を生じた贈与の履行期が贈与者の死亡の時とされたにすぎないとみることができ、この贈与を遺留分算定の基礎に含めることは、生前贈与の扱いと均衡を失するように感じられる。

以上のことを前提とする場合、[設例4-2]は、次のように考えられる。

[1]から[4]までのいずれにおいても、信託の設定時に、残余財産は全部Eに交付されることが確定している。信託財産として拠出された時点でSの財産からの1億円の流出が確定しており、残余財産の額が、Sの死亡（または、[2]では、Sによるそれ以前の終了権行使）

---

16) 潮見佳男『相続法〔第5版〕』（弘文堂、2014）314頁。平成30年改正民法のもとでも、当該の事柄を定める規定の条数は変わる（民法1029条が平成30年改正民法では1043条に、民法1030条が平成30年改正民法では1044条1項となる）ものの、問題の実質が変わることはない。

17) 最一判昭和47・5・25民集26巻4号805頁、最二判昭和58・1・24民集37巻1号21頁。

18) 最二判昭和58・1・24前掲注17）、最二判昭和57・4・30民集36巻4号763頁参照。

と、その時点での信託財産の状態に条件づけられているだけである。つまり、SからEに対する実質的「贈与」は、信託の終了の時にされるのではなく、信託設定時にされており、Sの死亡時とされた信託の終了により、その履行がされるだけのことである。したがって、Eによる残余財産の取得が遺留分算定において考慮されるかどうかは、民法1030条によって定まると考えるべきである。これによれば、[設例4-2]では、信託の設定、すなわちSからEに対する贈与の実質をもつ財産処分はSの死亡の15年前のことであるから、Eによる残余財産の取得は、（SとEがともに遺留分侵害につき悪意であったとされない限り、）遺留分算定の基礎にも、遺留分減殺の対象にもならない。

これに対し、Sが残余財産の帰属権利者の変更権または指定権を有していたときは、Eによる残余財産の取得は、Sが、帰属権利者を相続人とすることもできたところ、死亡の時に帰属権利者をEに確定させたとみることができるから、遺留分算定の基礎になり、遺留分減殺の対象になる。

3 委託者の死亡後も存続する生前信託と遺留分減殺

(1) 序　論

次に、受益者に対する受益的給付が開始されている信託が、委託者の死亡後も存続する場合について、遺留分減殺に関して問題になることを簡単に検討する。その際、次の [設例4-3] を用いる。

第4章　信託の限界

> [設例4-3]
> 　Sが、死亡した。相続人は子BとCである。
> 　Sは、死亡の5年前に、Tとの間の契約により、Tを受託者、BとDを受益者、信託目的をBとDの生活援助とする信託を設定し、信託財産として1億円をTに支払った。終了原因、残余財産の帰属に関する定めはなかった。当時、Sには、ほかに2億円の財産があった。
> 　信託行為の定めにより、Tは、毎月、Bに対して30万円、Dに対して20万円を支払うこととされていた。Sが死亡した時点で、信託財産の残高は7200万円であった。
> 　また、Sが死亡した時点で、Sの財産は1000万円になっていた。

　以上に現われているもののほかに、BとCの遺留分の算定に影響を与える事情はないものとする。

(2)　委託者の相続人ではない受益者による受益の扱い

　この例では、Bの受益権の取得は、実質的に、Sからの「贈与」にあたり、特別受益となる。そのため、後述するとおり、Cの遺留分が侵害されている。そして、[設例4-1] と異なり、Sの死亡により信託は終了せず、信託財産が残っている。そこで、その信託財産が遺留分減殺の対象財産となるかが、現実に問題になりうる。

　[設例4-1] に関して2(3)(a)において述べた、信託の設定によるSからTへの財産の移転は無償処分にあたらないというべきであることは、[設例4-3] でも変わらない。

　また、次に述べるとおり、Dの受益権の取得は、Cの遺留分侵害に関係しない。そのため、信託財産を遺留分減殺の対象財産とすることは、Dの利益を害する結果になりうる[19]。

　[設例4-3] において、Sの相続人ではないDの受益権の取得につ

いては、Sが信託の終了権限や受益者変更権を有していたといった特段の事情がなければ、民法1030条（平成30年改正民法1044条1項）に従って遺留分の算定の基礎になるかどうかが判断される。

Sは、死亡の5年前に、他に十分な財産を有する状況において信託を設定し、Dに受益権を与えている。そのため、Dの受益権の取得は、民法1030条の前段にも後段にも該当せず、遺留分の算定において考慮されない。Dが、この受益権に基づいてSの死亡後にTから給付を受けることは、このことを変えるものではない。

(3) 委託者の相続人である受益者による受益の扱い

Sの相続人であるBが取得した受益権は、「生活援助」のためのものであり、その価額も相当高額であるから、特段の事情がなければ、特別受益になる。問題は、その金額と、遺留分減殺となった場合に、その減殺の方法である。

Bの受益権は、信託が終了した時に消滅する。もっとも、その終了の時が定まっていない。そのため、この受益権は、「存続期間の不確定な権利」にあたる。そうすると、家庭裁判所が選任した鑑定人の評価に従って価額が定められ（民法1029条2項（平成30年改正民法1043条2項））、遺留分減殺の対象になるときは、民法1032条が適用されることになる（なお、平成30年改正民法のもとでも、遺留分侵害額の負担につき、同法1047条2項により、同様の結果となる）。

[設例4-3]では、Bの受益権の価額は、本来、Bが取得した受益権を相続開始の時点で評価するという方法により、定められるべきことになる。ただ、Sの死亡の時に、Bは、受益的給付として1800万円をすでに受け取り、なお受益権を有するから、Bの受益権の価額は、

---

19) このことは、信託財産に属する財産が金銭以外のものである場合は明らかであろう。信託財産が金銭（債権）のみからなる場合も、信託財産の規模の縮小は運用の成果に影響を及ぼしうる。

第4章　信託の限界

Sの死亡の時までに特段の事情がなければ、Sの死亡時に現にある受益権の評価額に、Bへの既給付総額1800万円を加えたものと考えてよいように思われる（**2**(2)(b)も参照）。

ここでは、S死亡時のBの受益権の価額が3600万円と評価され、BがSから得た利益の額は5400万円であったとする。その場合、みなし相続財産額は、現にある1000万円にBの特別受益額5400万円を加えた6400万円になる。BとCの遺留分は、各1600万円である。ところが、Cは、1000万円しか取得することができない。そのため、Cの遺留分が侵害されており、その額は600万円となる。

そうすると、Cは、遺留分減殺請求をすることができることになる。その請求が何を対象に、誰に対してされるのかについては、Bの受益権が「存続期間の不確定な権利」にあたるため、現行民法のもとでは、同法1032条が適用されることになるはずである[20]。

民法1032条は、不確定期限付き権利の贈与の場合、その贈与を全部減殺し、減殺される贈与の評価額が減殺すべき額を上回る場合には、遺留分権利者は、受贈者に対し、その差額を一括して返還しなければならないことを定める、とするのが通説である[21]。

この通説に従って［設例4-3］を民法1032条により処理する場合には、Bの受益権の取得が全部減殺されることになるから、Cは、Bが現に有する受益権[22]と、その受益的給付としてBが得た1800万円を取得する。そのうえで、Bに、差額を一括して返還する。つまり、

---

20) 平成30年改正民法のもとでは、同法1047条2項により、Cが、Bに対し、遺留分侵害額（ここでは、600万円）の支払を請求し、Bは、Cに対し、これを負担することになる。したがって、本文においてこの後に述べるような問題は生じない。

21) 中川＝加藤編・前掲注11）489頁以下〔宮井忠夫＝千藤洋三〕。

22) 受益権が受益者の生活支援のためのものであることによって、その受益権の譲渡性（移転性）が当然に奪われるものではないことについて、第3章 II **4**(2)(a)参照。

Bの受益権の評価額5400万円と遺留分侵害額600万円との差額4800万円を支払うことになる。実際には、Bの既得の受益的利益1800万円はこの処理の対象とされず、Cが、Bの受益権を取得し、Bに対して3000万円を支払うということになるのだろう。

しかしながら、このような処理は、BとCのいずれにとっても、通常、望ましいものではなかろう[23]。この処理の問題性は、民法1032条が適用される場合に広く認められるものであり（それ故に、同条の理解については議論がある）、信託の場合に固有のものではない。ただ、信託の場合には、受益権が同条の定める権利に該当することも多いと思われるため、問題は深刻である。この問題を避けるには、現状では[24]、減殺請求を受けた受益者が価額弁償をするほかないと思われる。

4 おわりに

冒頭で述べたとおり、本稿は、遺言信託や遺言代用信託の場合の遺留分減殺について論じようとするものではない。もっとも、その場合の減殺の対象と相手方について、受益者の定めのある信託に関し、信託の設定または信託財産移転行為の減殺を、受託者を相手としてするという考え方（以下、「信託財産説」という）と、受益権の取得の減殺を、受益者を相手としてするという考え方（以下、「受益権説」という）の対立があるところ、以上の検討によれば、現行民法を前提とする限

---

[23] 2(3)(a)で否定した信託財産の減殺という考え方をとる場合には、信託財産全部をCが取得し、Cが一括して残部の価額をTに給付することになるから、信託財産が金銭以外のものを含むときには問題がさらに大きくなる。

[24] 前掲注20)において述べたとおり、平成30年改正民法のもとでは、この問題は生じない。もっとも、そもそもこの場合も、BがSの相続を放棄すれば、Cが相続財産1000万円を全部取得することになるから、Cの遺留分の侵害は生じない。

第4章　信託の限界

りでは、受益権説のほうが適切ではないかと思われる。以上において述べたことのなかに、遺言信託や遺言代用信託の場合にもあてはまることがあるからである。

たとえば、2(3)(a)において述べた、信託の設定とそれによる受託者への財産の移転に無償処分性は認められないということは、生前信託に限ったことではない。3(3)において述べた、民法1032条が適用される場合の処理の問題性も、生前信託でしか生じないものではないところ、信託財産説は、受益権説に比べて、遺留分権利者の保護に資することなく、問題を深刻化させるだけになることが多いと思われる。さらに、受益権説のおそらく最大の問題点とされる受益権の価額評価の難しさは、そのこと自体を否定することはできないものの、信託財産説にとっても無縁のものというわけではない。

もっとも、遺留分侵害と無関係の受益者の保護を考える必要がないことなど、遺言信託や遺言代用信託には生前信託と事情が異なるところがある。また、平成30年民法改正により、遺留分の侵害があった場合の処理が、遺留分減殺請求から、遺留分侵害額の請求に変更された（平成30年改正民法1046条参照）。それに伴い、現行民法1032条が適用される場合の処理の問題性が解消されたほか、受益権説による場合には、受益者に過酷な結果となる場合が生じたと思われる。たとえば、受益権にかかる給付の内容が、受託者が長い期間にわたって比較的少額を定期的に受益者に対し支払うものである場合、受益権の減殺であれば、受益者の負担は、毎回の受取額が割合的に減少することであり、支払に困るということはない。ところが、平成30年改正民法のもとでは、受益者は、受益的給付を現に受けていないにもかかわらず、遺留分権利者から請求があれば、遺留分侵害額をただちに負担しなければならない。その額は、相当巨額になることもある。この場合、受益者は、確かに他の相続人の遺留分を侵害するほどの利益を取得している。しかしながら、その利益はまだ現実化していない。その

II 生前信託と遺留分減殺

ため、巨額の金銭の支払を受益者に強いる結果となることが適当であるかを考える必要がある。

　こういった事情の考慮を含めて、遺言信託や遺言代用信託による遺留分侵害の処理のあり方の検討は、今後の課題としたい。

第 4 章　信託の限界

III 受益者の定めのない信託（目的信託）

---

1 はじめに

　信託は、受益者の定めがなくても、有効に設定することができる（信託 258 条以下）。

　もっとも、受益者の定めのない信託については、受益者の定めのある信託にはない制限がある。すなわち、受益者の定めのない信託は、第 1 に、自己信託の方法によって設定することができない（信託 258 条 1 項参照）。第 2 に、その存続期間は、20 年を超えることができない（信託 259 条。ただし、公益信託についてはこの制限はない（公益信託法 2 条 2 項））。第 3 に、政令で定められた要件を充たす法人しか受託者となることができないとされており（信託法附則 3 項。ただし、公益信託についてはこの制限はない（同項））、その政令により、国、地方公共団体のほか、たとえば純資産の額が 5000 万円を超える法人であることが求められている（信託法施行令 3 条）。

　これらの制限のうち、受託者資格の制限は「別に法律で定める日までの間」のこととされ（信託法附則 3 項）、その別に法律で定める日については、公益信託にかかる見直しの状況その他の事情を踏まえて検討し、その結果に基づいて定めるものとされている（同附則 4 項）。また、存続期間の制限について、その合理性に疑念を呈する見解がみられる[25]。そこで、以下では、公益信託法の見直しは現在進められ

Ⅲ 受益者の定めのない信託（目的信託）

つつある段階であるものの、受益者の定めのない信託のうち公益信託を除くもの（以下、この信託を「目的信託」と呼ぶ）に対する上記の諸制限について、その見直しの要否を検討する。

2 旧信託法下の学説——目的信託に対する疑念

　旧信託法のもとでは、目的信託は認められないと解されていた。それに対し、平成18年の信託法改正において、「受益者の定めのない信託の特例」という章を設けて、信託法258条以下の規定が設けられ、目的信託が許容されるに至った。

　旧信託法のもとで、目的信託が認められない理由として、学説上次のことが挙げられていた。第1に、目的信託には受益者がないため、信託目的の達成が実現可能である限り、信託を終了させることができないことになりかねないこと[26]。第2に、誰も処分することができない財産を作り出すことができ、その財産の保存に公益性が認められる場合を除き、財の流通を阻害することになりかねないこと[27]。第3に、信託の財産の支配が、実質的に委託者のもとに留まることになりかねないこと[28]。これと反対に、第4に、受託者に対し信託の履行を強制する者がないこと[29]、あるいは、受託者の事務の監督が（適切に）されないことになりかねず、信託財産の受託者の財産からの独立性が危ぶまれることがあること、などである。

---

25) 後藤元「目的信託の存続期間の制限とその根拠の再検討」信託研究奨励金論集34号（2013）1頁。
26) 能見287頁。
27) 能見287頁。
28) 新井426頁。
29) 四宮122頁。

第 4 章　信託の限界

3　現行信託法における目的信託の承認

(1) 目的信託に対する需要の存在
　こういった疑念が指摘されていたなかで、現行信託法において目的信託の有効性が承認された主な理由は、次の 2 点にある[30]。
　第 1 に、目的信託の利用に対して、具体的な需要があると考えられたことである。
　第 2 に、法人制度を利用してすることができることは、信託制度の利用によっても可能とするべきであるという考えである。
　このうち、第 1 の目的信託に対する需要としては、アメリカやイギリスの状況の紹介を通して、委託者の死後も愛玩動物の世話が続けられるようにするための目的信託（以下、「ペット信託」という）、墓地や墓石等の祭祀財産を維持するための目的信託（以下、「霊園信託」という）がありうると、予て指摘されていた。
　ほかに、信託法改正にあたってのパブリックコメントの募集に対して、地域社会での老人介護、子育て支援、地域パトロール等のための目的信託、特定の会社の従業員のための福利厚生施設の整備運用のための目的信託、特定の大学における研究施設整備のための目的信託、優秀な企業アイデアを創出した者に対する奨励金の授与等により、特定の経済団体における企業活動を支援するための目的信託、ソフトウエアの利用の自由を将来にわたって確保するための目的信託、特定地域の中小企業者に利用を限定した支援施設を作るための目的信託、特別目的会社（SPC）を利用した資産流動化のために、SPC の株式を信託財産として保有し続けさせるための目的信託などが考えられる、との意見が寄せられたとの紹介がある[31]。

---

30)　法務省民事局参事官室「信託法改正要綱試案　補足説明」186 頁。

III 受益者の定めのない信託（目的信託）

　これらの利用例は、資産流動化のための信託を除き、受益者を特定しようと思えばすることができ、それによって大きな不都合が生ずるとは考えられないもの、あるいは、一般社団法人または一般財団法人にかかる公益認定との比較でいえば、その公益認定を得られる可能性があるもの、または、目的事業によって利益を受ける者が限定されているために公益認定を得られないであろうが、その限定を緩めれば公益認定がされうるであろうものである。

(2) 目的信託の理論的正当化

　目的信託に対する需要があるとしても、旧法のもとで一般的に説かれていたように、受益者の確定可能性が信託（行為）の有効要件であるとすれば、目的信託を承認することはできないはずである。そこで、目的信託は理論的にどのように正当化されるかが、問題になる。

　この点については、次のような説明がされており[32]、説得的であると思われる。すなわち、信託において重要な点は、受託者の地位にある者に属する財産のうち、一定の財産が信託財産として別扱いされることにある。そうであれば、その別扱いされる財産から利益を受ける者が特定されている必要はない。受託者がその財産から利益を自由に受けられるというのでは、信託財産の別扱いは正当化されないが、そうならないことが確保されているならばその財産を別扱いすることに正当化根拠があり、受益者が存在しなくても信託の設定を認めることはできる。

　旧法のもとでも、公益信託の有効性は承認されていた。その際、公益信託に受益者は存在しないと解されていた[33]。ここに、信託という制度にとって、特定の受益者の存在は不可欠の要素ではないことが

---

31) 寺本 448 頁注 3 参照。
32) 道垣内 315 頁。
33) たとえば、四宮 122 頁、能見 283 頁。

第4章　信託の限界

現われている。

　これに対し、「私益信託」には受益者が存在しなければならないとされたのはなぜかといえば、受益者が存在しない信託には、2に挙げたような実際上の疑念があると考えられたからである。公益信託について受益者が存在しなくてもよいとされていた基礎には、公益の増進に寄与する制度の支援という考えがあったであろう。しかしながら、かりに主務官庁による監督がなかったとすれば、信託目的に公益性が認められることを理由として信託の有効性が承認されたとは思われない。つまり、公益信託の有効性は、主務官庁の監督があるため2に挙げたような疑念を問題視する必要はないとして、認められていたものと考えられる。

　そうであれば、信託目的に公益性が認められない場合であっても、2に挙げたような疑念を解消するための措置が講じられたならば、旧法下の諸学説を前提としたとしても、受益者が存在しない信託が認められることはあってよいはずである。

4　目的信託についての特別の規律

　このようにみるときには、目的信託に対する疑念への対応策としてどのような措置を講ずるかが重要になる。この点に関して、現行法では次のようにされている。

　第1に、目的信託は、自己信託の方法によって設定することができない（信託258条1項）。これは、目的信託においては財産の支配が実質的に委託者のもとに留まることになりかねない、という疑念に対応するものである。また、受託者に対し履行を強制する者、受託者の事務を監督する者を確保するためのものでもある。

　第2に、契約によって目的信託が設定される場合には、受託者の監督にかかる委託者の権利が拡充されている。すなわち、受益者の定

Ⅲ 受益者の定めのない信託（目的信託）

めのある信託の場合には、委託者は、受託者の解任権、受託者に対する損失てん補等の請求権、受託者の権限違反行為の取消権、受託者の法令等違反行為の差止請求権などを、信託行為に特段の定めがあるときにのみ有する。これに対し、目的信託の場合には、委託者はそれらの権利を当然に有することとされている（信託260条1項、261条1項）。これは、受託者の事務処理に対する適切な監督を確保するためである。

　もっとも、受託者の事務処理に対する適切な監督を確保するために、委託者の監督的権利を強化するだけで十分といえるかには疑問が残る。たとえば、委託者が死亡した場合、委託者の地位は相続人に承継されるものの、委託者に相続人がないことがあり、その場合には、受託者に対する監督的権利を有する者が欠けることになりかねない。また、委託者に相続人があり、委託者の地位が相続により承継された場合も、当該信託に対する関心の程度の違いから、相続人に委託者と同様の監督を期待することは難しいと思われる。

　第3に、遺言によって目的信託が設定される場合には、信託管理人が必置とされ（信託258条4項～6項）、信託管理人が欠けた状態が1年間継続したときは、その目的信託は終了することとされている（同条8項）。これは、目的信託の終了可能性と受託者の監督を確保するためである。もっとも、受託者の監督につき、信託管理人に、受益権の定めのある信託の受益者または目的信託の委託者と同じような期待をすることができるかには、やはり疑わしいところが残る。

　第4に、目的信託の存続期間は、20年間に制限されている（信託259条）。目的信託の終了可能性を確保し、財の流通阻害の永続を避けるためとされている（後述5(3)参照）。

　第5に、受託者となりうる者が、当面の間、国または地方公共団体のほか、純資産の額が5000万円を超える法人に限られている（信託法附則3項、同法施行令3条）。信託財産の支配が実質的に委託者に

第4章　信託の限界

留まること、受託者が信託財産を我がものとしてその使用、収益または処分をすることなど、目的信託の不健全な利用または運営のおそれが現実化する蓋然性の程度を低くするためと考えられる。

以上に挙げた措置によって、目的信託に対する疑念について、一定の対応がされているということができるだろう[34]。

そこで問題となるのが、これらの措置を伴って目的信託が法的に承認されたことを踏まえて、目的信託の活用をさらに進めるために、制限の緩和または見直しの必要性または可能性はないか、ということである。

5　目的信託に対する制限の緩和

(1)　法人（とくに財団法人）との比較論

この問題を考えるにあたって、法人、とくに財団法人と信託との比較論について、考えておく必要があると思われる。信託と財団法人との類似性から、財団法人にすることができることは信託でもすることができるべきである、という考え方がある。この考え方は、現行信託法における目的信託の承認の基礎の一つとなったということができる。そして、この考え方によれば、財団法人並びとするという観点から、目的信託に関する規制を見直すことがありうることになる。現に、信託法259条が定める目的信託の存続期間を延ばす可能性の論拠の一つとして、一般財団法人との比較が挙げられている[35]。

信託と財団法人は、ある目的の実現のために財産に独立性を認める（目的財産化する）点で、共通する。また、財団法人には、その事業によって得られた利益の分配を受ける者がないため、目的信託と財団法人は、この点でも共通する。こういったことから、ある目的の実現に資するよう一般財団法人の形式で財産の独立性が認められるのであれば、その目的の実現のために、目的信託により財産の独立性を認めて

Ⅲ 受益者の定めのない信託（目的信託）

もよいということができそうである。

---

34) 本文でも少し触れたが、疑念が払拭されたとまではいえない。とくに委託者の意思次第で、委託者または委託者が指名する信託管理人が、信託財産を実質的に支配し続けることになりうる。

たとえば、委託者は、信託管理人を置かなければ、いつでも信託を終了することができる（信託261条1項による164条1項の読替え）。また、信託管理人を置く場合でも、制御容易な者を信託管理人とすることで、委託者と信託管理人の合意により、いつでも信託を終了することができる（信託261条1項による164条2項の読替え）。さらに、自己の死後、ある者に信託財産を実質的に自由にさせたければ、その者を信託管理人に選任し、かつ、信託法164条3項の定めとして、信託管理人はいつでも信託を終了することができる旨の定めを信託行為に置くことにより、それを実現することができる。これらにより、とくに、信託の目的を実現するための事務に要する費用が信託財産に比べて著しく低額である場合（たとえば、ある財産をそのまま管理し続けることが信託の目的とされている場合）には、委託者または委託者が指名した信託管理人が、財産を自らにとって都合のよい期間「安全地帯」に置くために、目的信託を利用することができることになりかねない（帰属権利者が委託者または信託管理人となっている場合は、その債権者が債権者代位権を行使することによって信託を終了させることが考えられるが、委託者または信託管理人以外の者が帰属権利者に指定されている場合には、そうはいかない）。

また、委託者は、信託の目的についても、相当自由に変更することができる。現状では受託者を巻き込むことは難しかろうが、委託者は、受託者の利益を害しないことが明らかであるときは、信託管理人を置かないことで自ら自由に、信託管理人を置く場合でも、制御容易な者を信託管理人とすることで、その信託管理人との合意により、信託の目的を変更することができる（信託261条1項による149条3項1号の読替え）。また、自己の死後、ある者に信託財産を実質的に自由にさせたければ、その者を信託管理人に選任し、かつ、信託法149条3項の定めとして、信託管理人は委託者が現に存しないときはひとりで信託を変更することができる旨の定めを信託行為に置くことにより、それを実現することができる。これらにより、受託者の利益を害さないようにすれば（これは、目的信託において信託の目的の変更によって受託者の利益が害されることは一般的とはいえないであろうから、難しくはないと思われる）、委託者または信託管理人は、信託の目的を変更することにより、受託者に、その時々において自己が望むことのために信託財産を使用させることができることになりうる。

35) 後藤・前掲注25) 16頁。

第4章　信託の限界

　そのうえで、次の点に留意する必要がある。

　第1に、一般財団法人の場合、社員が存在しないため、業務執行機関である理事による恣意的な運営が強く懸念される。ところが、一般財団法人に対しては、行政庁等による外部的監督が存在しない。そこで、法律上、法人内部での理事に対する牽制・監督体制の充実が図られている。具体的には、評議員3人以上からなる評議員会（一般法人法170条1項、173条3項、178条）と1人以上の監事（同法170条1項）が、理事に対する監督的権限を有している（同法176条1項、177条（63条1項準用）、197条（90条1項および99条準用）など）。また、理事についても、3人以上で理事会を構成して業務執行の決定をすること（同法170条1項、177条（65条3項準用）、197条（90条1項・2項準用））とされており、理事が相互に牽制し合うことにもなっている。

　第2に、それにもかかわらず、一般財団法人のガバナンスの有効性に対する疑念が残っている。一般社団法人についても、社員は法人の活動から経済的利益を取得することがないため、ガバナンスの向上に対する社員のインセンティブが弱く、社員権の行使を通じたガバナンスが株式会社と同程度に機能するかに疑問があるという指摘がされている[36]。それでも、一般社団法人の社員は、法人の事業の成り行きに対し、経済的利益の獲得以外の関心をもつことが通常である。それに対し、一般財団法人の評議員は、そのような関心すらもつとはいえないことが多かろう。そのため、一般社団法人の場合以上に、ガバナンスの有効性が疑問視される[37]。

　第3に、以上のことからすれば、一般財団法人の形式ですることができることは目的信託でもすることができてよいというためには、

---

[36]　たとえば北村雅史「一般社団法人の機関制度の検討」NBL 1104号（2017）32頁。

Ⅲ　受益者の定めのない信託（目的信託）

　目的信託の運営の健全性を保障する（委託者による実質的財産支配を防ぎ、受託者による目的適合的な事務処理を確保する）ための措置が、少なくとも一般財団法人におけるガバナンス体制に匹敵すると評価することができる程度に、講じられる必要がある。そのようにされない状況において、目的信託に一般財団法人と同程度の自由を認めることは、適切な運営体制が構築されていない組織に活動の自由を認めることにより、諸々の社会的支障が生ずるおそれを強めることにしかならない。したがって、運営の適切性を確保するために一般財団法人並みの措置が講じられるのでなければ、一般財団法人において認められることが目的信託においては認められないとしても、決して不当なことではなく、むしろ、当然のことであると考えられる。

　現在のところ、目的信託における受託者の事務処理につき信託法が求める監督体制は、一般財団法人における理事の業務執行に対する監督体制に比べて、明らかに緩やか、または甘いものである。そうすると、上述の第3点からすれば、一般財団法人にはない制限が目的信託に設けられている場合、不要な制限であることもありうるが、理由のある制限である可能性もある。

　このことを前提として、以下において、目的信託に対して現在設けられているいくつかの制限について、その緩和の可能性または当否を検討する。

---

37)　一般社団法人、一般財団法人のいずれについても、法人内部のガバナンス体制の構築だけでは、それが機能する保障はないため、十分とはいえないのではないか、ということである。なお、この点に関し、行政庁など外部機関による監督もされないが、法人の破綻時など限られた状況においてではあるものの、役員等の任務懈怠による対第三者責任を定める一般法人法117条1項またはこれを準用する198条によって、法人のために行為をした理事だけでなく、その理事の行為につき重大な過失による監視義務違反がある他の役員も、取引相手等の第三者から損害賠償責任を追及される可能性がある。このことが、法人内部のガバナンス体制の実効性を、間接的に高める契機になりうる。

第4章　信託の限界

(2) 自己信託による設定の許容

　信託法 258 条 1 項は、目的信託は同法 3 条 1 号または 2 号の方法によってすることができるとしている。これにより、同法 3 条 3 号の方法、すなわち自己信託の方法（自己信託証書の作成）によっては、目的信託を設定することができないとされていることになる。

　信託の本質は信託目的の実現のために信託財産の独立性を認めることにあるとみること（**3**(2)参照）からは、目的信託の承認に障害がないことだけでなく、委託者が受託者を兼ねることが認められることも説明される[38]。そうすると、委託者が自ら受託者となる目的信託を設定することも（これを認めるべきであるとする主張が現在されているわけではないが）、理論的には問題ないことになる。

　また、委託者が受託者を兼ねることを認めることは、場合により、信託報酬等を節約して、その分を信託目的の実現のために使用することが可能になるという実益もありそうである。

　この実益は、目的信託の信託目的が社会的にも有益なものであるときは、考慮に値すると考えられる。しかしながら、目的信託における信託の目的は、自由に定めることができるから、そのようなものばかりではない。また、社会的有用性を認められる信託目的が定められていても、信託事務処理が、その目的にそって、適切かつ効率的にされるとは限らない（信託一般についていえることであるが、目的信託では不安が相当大きい）。さらに、自己信託の場合、信託管理人が選任されたとしても、その信託管理人は、信託行為に基づいて選任される。これは、監督をする者が監督される者の意思に基づいて選ばれる、ということである。そのため、監督の実効性に対する疑念がどうしても残る。

　以上より、目的信託の自己信託による設定は、今後も認めるべきではない。

---

38) 道垣内 66 頁以下・315 頁。

Ⅲ　受益者の定めのない信託（目的信託）

(3) 存続期間の延長
ⓐ 現行法における存続期間限定の趣旨

　信託法 259 条は、目的信託の存続期間を 20 年間に限定している。この制限は、信託の内容によっては（たとえば、信託財産を現状のまま管理し続けることが内容となっている場合）、信託財産とされた財産の管理処分が（不当または不合理に）拘束され、「国民経済上の利益という観点からの合理的・効率的な財産の利用や物資の流通が妨げられることとなるおそれもある」ことによるものであると説明されている[39]。

ⓑ 存続期間の延長の可能性

　目的信託の存続期間について、目的信託に対する合理的なニーズが存在し、かつ、その実現のために信託法 259 条が定める 20 年間という存続期間では不十分であるならば、法改正による存続期間の延長も考えられるとする見解がある[40]。

　この見解においては、目的信託の存続期間延長の可能性を示すにあたって、存続期間の定めによる財産処分の自由に対する制約の合理性の見地から、目的信託と次の二つがとくに比較されている。一つは後継ぎ遺贈型受益者連続信託、もう一つは一般財団法人である。

ⓒ 後継ぎ遺贈型受益者連続信託との比較

　後継ぎ遺贈型受益者連続信託については、信託法 91 条に、その存続期間を画することになる規定が設けられている。同条の解釈には争いがあるが、一般的な見解によれば、信託が設定された時から 30 年を経過した時以後は、その時に受益者となる法的資格のある者（つまり、生存している者または胎児である者）による受益権の新たな取得が

---

[39]　寺本 452 頁。また、村松ほか 379 頁。
[40]　後藤・前掲注 25) 16 頁。

第4章　信託の限界

1回限り認められ[41]、信託は、最長、その者が死亡により受益権を失う時まで存続する。これによって、その存続期間は、100年程度になりうる[42]。

そうすると、信託の存続期間を制限する規定を、委託者による財産処分の自由を制約するものとみて、その制約は後継ぎ遺贈型受益者連続信託と目的信託に共通すると捉えるならば、概ね100年間と20年間という存続期間の大きな差について合理的な説明がつくかが問題になる。これを否定的にみるのが、目的信託の存続期間の延長可能性を認める上記の見解である。

確かに、後継ぎ遺贈型受益者連続信託においても、とくに最後の受益者への財産承継が主な目的とされている場合には、信託財産とされる財産が長期にわたり合理的または効率的に利用されず、物資の流通が妨げられることになりうる。そうであっても100年程度は信託の存続を認めるというのであれば、目的信託についても、20年を大きく超える存続期間とされてもよさそうである。

ただ、後継ぎ遺贈型受益者連続信託の場合には、後継ぎ遺贈の有効性が不確かである現状において、それと実質的に同じ結果の実現を認めようとする判断が先行している。この判断は、財産主Aの相続人（またはAからの受遺者）Bの死亡による財産承継が起こるときについて、Aが、現在自己の有する財産のうち、まずはBが取得するものの行方を決めることを認める、というものである。そうであれば、Aの死亡により財産を得たBの生存期間を一応30年程度はあるとみて、その時以降にBから財産を取得しうる者の生存中は信託の継続を認めるとすることは、制度目的からの当然の帰結であるということができる。

41）　寺本261頁注7、村松ほか218頁。
42）　寺本262頁注8。

Ⅲ　受益者の定めのない信託（目的信託）

　これに対し、目的信託の場合には、信託の目的はさまざまであり、制度目的に照らして合理的な期間を一概に定めることはできない。もちろん、目的信託の信託目的とされるものには、長期の存続期間が必要であると考えられるものもある。そこで問題となるのは、そのような長期の存続期間を必要とする場合があることをもって、目的信託について一般的に長期間の存続を認めることが適当か、ということである。

(d)　一般財団法人との比較

　この点に関して考慮すべきことは種々あるが、一般財団法人との比較は、その一つである。

　3(1)に挙げた目的信託の利用想定例のうち、特定の会社の従業員のための福利厚生施設の整備運用のための目的信託、特定の大学における研究施設整備のための目的信託、特定地域の中小企業者に利用を限定した支援施設を作るための目的信託は、（場合によっては大規模な）施設を長期にわたって保有し、活用していくことを想定したものであり、したがって、存続期間が長期に及ぶことが前提とされるものであろう[43]。信託法259条による目的信託の存続期間の制限により、これらの信託が設定しづらくなることは容易に予想される。そのため、一般財団法人の形式によるならば同じ目的を期間制限なしに追求することができることと比べて、同条の定めの当否が問題とされることは、自然なことである。

　しかしながら、同じ目的が追求されるとしても、方法または手段が異なれば、許容性またはその程度に違いがあっても、おかしくない。そして、運営の健全性を保障する仕組みの構築の点で、一般財団法人

---

[43]　他にも長期間に及びうるものはあるが、固定的な施設を保有するものでない場合には、時間の経過によるニーズの変化への対応が優先されるべき場合も多いと考えられるため、信託の長期間の存続が前提とされるとは限らない。

第4章　信託の限界

にも実際の機能面に不安は残るものの、目的信託の不安定さはその比ではない。そのため、長期間の継続が予定される事業または事務（以下、「活動」ということがある）の場合には、一般財団法人の形式を用いるべきであり、目的信託をそのために利用可能なものにしないとすることには、合理性がある。

　反対に、短期間で終了する活動を一般財団法人で営むことは、法人の設立と維持に要するコストを考えれば、通常、極めて不効率である。目的信託の有効性の承認には、その存続期間が比較的短くされていても、そのような活動に適した法制度を創設するという積極的意義が認められる。

　一般財団法人と目的信託とで、可能な限り同じ活動を営むことができるようにすることだけが、公益でも私益でもない活動を活性化するための方策ではない。一般財団法人と目的信託とを、活動の性質に照らしていずれか適する方を選択することができるように、あえて異なる内容の制度として設計することも、非公益かつ非営利の活動の促進を支援することになりうる。

　もっとも、事業または事務の期間は長期に及びうるが、一般財団法人の利用が適さないために、目的信託の利用が長期にわたり可能となることが望ましいとされることもある。たとえば、事務の内容が比較的単純であり、人的および物的費用を多く要する組織をもって事務を行うことが著しく不効率となる場合である。ペット信託、霊園信託、資産流動化のための目的信託は、その例でありうる。

　しかしながら、これらいくつかの例がありうることをもって、目的信託一般について存続期間を長期化することが適当とは思われない。たとえば、ペット信託と霊園信託は、ペットを飼育する者、祭祀財産の管理をする者を受益者とし、必要ならば、信託監督人を信託行為の定めで設ければ、最善とはいえないかもしれないが、需要を満たすことができるはずである[44]。資産流動化のための信託は、その特殊性

Ⅲ 受益者の定めのない信託（目的信託）

ゆえに、特別法によって対応することが適当である[45]。

以上のように考えるならば、目的信託の存続期間を信託法259条が定める20年間から大幅に延長することは、適当とはいえない。

⑷ 受託者資格の緩和
ⓐ 現行法における受託者資格制限の趣旨

先にも述べたとおり、目的信託の受託者となることができるのは、現在のところ、国および地方公共団体のほか、純資産額が5000万円を超える法人に限られている（信託法附則3項、同法施行令3条）。もっとも、この制限は、公益信託にかかる見直しの状況等を踏まえて再検討されることがあるとされている（信託法附則4項）。

純資産額5000万円という金額に確たる根拠があるかはさておき、この制限は、目的信託の受託者を、信託銀行など内部統制システムが整備されていると推測される法人に限る趣旨を含むものであろう。そうであれば、その制限の撤廃または緩和は、そのような推測が成り立たない者が目的信託の受託者となることを認めることを、含意することになりうる。

受託者となりうる者を内部統制システムが整備されていると推測される者に限るのは、目的信託に、信託運営の健全性に対する疑念を払拭しがたい面があるからである。そうであれば、その制限の撤廃または緩和には、現行信託法の施行から時間を経て、その疑念が薄らいだといえるか、その疑念が残っていても受託者となりうる者の範囲を拡大する必要が認められるに至ったかの、いずれかが求められることになろう。

---

44) 新井432頁。
45) 新井433頁。

第4章　信託の限界

(b)　**受託者資格の緩和の必要性**

　目的信託の運営の健全性確保に対する疑念が薄らいできたといえる事情については、存在しないといってよいと思われる。

　受託者資格を拡大する必要性の有無に関係するのが、信託法附則4項において、「公益を目的とする信託に係る見直しの状況」を踏まえて受託者資格の制限を再検討するとされている点である。

　平成18年には、信託法の改正に先立って、いわゆる公益法人関連三法が制定された。そこでは、一般社団法人または一般財団法人（以下、あわせて「一般法人」という）が、公益認定を受けて公益社団法人または公益財団法人（以下、あわせて「公益法人」という）になる、という制度が採用された。民間公益活動の促進を図るという公益法人関連三法の目的からすれば、公益法人となりうる法人を広く認めることが望ましい。そうすると、その立法目的を達成するためには、一般法人が公益法人になるという制度が採用された以上、一般法人の設立要件をあまり厳しくすることは適当でないことになる。

　信託法改正の時点では、先送りされた公益信託にかかる見直しにおいて、目的信託（受益者の定めのない信託）のうち公益認定を受けたものが公益信託となる、という制度が採用される可能性があると考えられていたと思われる。民間公益活動を促進するという趣旨のもとでその可能性が現実のものとなったならば、公益信託の基礎をなすことになる目的信託について、その設定を強く制限することになる規制を設けておくことは好ましくない。その場合には、目的信託の受託者となりうる者の範囲を、（相当）拡大することが必要になりうる。同法附則4項において、公益信託にかかる見直しの状況を踏まえて目的信託の受託者資格の制限を再検討するとされたことには、このような考慮があったと思われる。

　ところが、公益信託法の改正に向けて現在進められている法制審議会信託法部会の議論は、目的信託のうち公益認定を受けたものが公益

Ⅲ　受益者の定めのない信託（目的信託）

信託になるとするのではなく、公益信託は行政庁等の認定を受けてそのようなものとして設定されることとする方向で進められている[46]。そうすると、現状では、公益信託にかかる見直しのために、目的信託の受託者となりうる者の範囲を拡大する必要が生ずる見込みは薄い。

　また、そのほかに、目的信託の受託者資格の制限を緩和する必要があると認められる事情が存在するに至ったとも考えられない。

　したがって、目的信託の受託者となりうる者を、（純資産額 5000 万円を超える法人に限定する必要があるかはともかくとして）内部統制システムが整備されていると推測されるものに限る趣旨の制限は、その緩

---

[46] 法制審議会信託法部会・部会資料 49「公益信託法の見直しに関する要綱案のたたき台(1)」の第 3 では、次の提案がされている。

1　公益信託の効力の発生
　公益信託は、公益信託認可（注）を受けなければ公益信託としての効力を生じないものとする。ただし、信託法第 258 条第 1 項に規定する受益者の定めのない信託としての効力を妨げないものとする。
　　（注）公益信託認可は、民間の有識者から構成される委員会の意見に基づいて、特定の行政庁が行うことを前提としている（本部会資料第 7 の 1）。行政庁は、公益信託認可をしようとするときは、他の行政機関の長の意見を聴くものとするなど、公益法人認定法第 8 条と同様の規律を設けるものとする。
2　公益信託の信託の方法
　公益信託は、信託法第 3 条第 1 号又は第 2 号に掲げる方法によってすることができるものとする。

なお、上記 1 のただし書は、公益信託認可の申請をしたところ認可を受けられなかった場合に、目的信託としての効力を積極的に認めようとするものであるならば、目的信託に民間公益活動促進の基礎としての意味を認めるものであるということになる。しかしながら、同ただし書は、目的信託の成立要件が充たされているときは目的信託の効力を生ずることを前提に、公益信託認可の申請をしたがその認可を受けられなかったことはその効力の発生を妨げる事由にならないという当然のことを述べるものであり、目的信託に民間公益活動促進のために積極的意味を認めるとするものではない。

第 4 章　信託の限界

和の必要性を根拠づける事情の変化が生じない限り、今後も維持されるべきである。

事項索引

あ 行

後継ぎ遺贈 …………………… 117, 174-
後継ぎ遺贈型受益者連続信託 ….. 207-
　——の存続期間 ………………… 207
遺言信託 ……………… 177, 183, 193
遺言代用信託 ………… 177, 183, 193
意思の尊重 ……………………………… 92
委託者 ………………………………… 137
　——の意図 …………………… 124, 127
　——の同意 ………………………………… 33
委託者の意思 ……………………………… 33-
　——の尊重 ……………… 94, 150, 152
委託することができる旨の定めがあ
　るとき ………………………………… 98
一般財団法人 ……………… 207, 209-
　——のガバナンス ………………… 204-
一般社団法人のガバナンス ……… 204
委任者の許諾を得たとき ………… 100
遺留分減殺 ……………………………… 176
　——の対象 ……… 183, 185, 187-, 193
　　生前信託と—— ………………… 178
　　生前信託の設定と—— ………… 177
遺留分侵害額の請求 ………… 187, 194
遺留分の算定 …… 182-, 185, 188-, 191
遺留分の侵害 ……………… 176-, 186

か 行

元本と収益に関する調整 ………… 128-
元本と収益の区別 ………………… 130
期間制限
　受益債権にかかる—— …… 157, 165
　受益者の介入権の—— ………… 162
　受益者の権利にかかる—— …… 156
　受託者の権限違反行為にかかる受
　　益者の取消権の—— ………… 157
　受託者の損失てん補等の責任にか
　　かる債権の—— …………… 157, 162
帰属権利者 ……………………………… 203
競合行為の禁止 ………………… 30, 32
共同受託者 ……………………………… 134
金銭の預託 ……………………………… 5
権限違反 …… 59, 67, 107, 111, 115, 154
顕　名 ……………………………………… 56
行為がされることの利益 ………… 91
行為者を定める利益 ………………… 91
行為の差止め ……………………………… 119
行為の実質 …………………… 66-, 70, 79
行為の性質 …………… 49, 51, 60, 65
公益信託 ……………………… 29, 200, 211-
公平義務 ……… 44, 117-, 124, 126-, 172
　——の対象 …………………… 124, 129
公平義務違反 … 122, 124, 128, 130, 132
公平の判断 ……………………………… 123-

さ 行

財産処分の合意 ………………… 7, 9, 18
財産の独立性 ……………………………… 202
財団法人 ……………………………… 202
裁量権 ……………………………………… 127
　——の逸脱 …………………… 124, 127
詐害行為取消権 …………………… 161
残余財産 ……………………………… 187
　——の帰属権利者 …………… 187, 189
死因贈与 ……………………………… 188
自己執行の原則 …………… 84-, 87-, 116
自己信託 …………………… 196, 200, 206
実効化措置 …………………… 13-, 17, 19
実質的法主体説 …………………… 113
私的自治 ……………………………………… 92

事項索引

――の原則 …………………… 90
――の尊重 …………… 93-, 100, 144
辞任の自由 …………………… 95
死亡保険金 ………………… 180
収益過剰資産 ………………… 124
受益権 ……………………… 137-
　――の価額 …………… 180-, 191
　――の質的分離 ……………… 154
　――の遡及的放棄 …………… 143-
　――の当然取得 ……… 140, 143
　――の内容の定め ……………… 27
　――の非遡及的放棄 ………… 147
　――の放棄 …………… 143, 151
　――を構成する権利の譲渡 …… 153
　　優先―― …………………… 118
　　劣後―― …………………… 118
受益権取得請求 ………………… 35
受益権の取得 …………… 139, 144
　――の特別受益性 …………… 179
受益権の譲渡 …………… 148, 154
　――の事実上の制限 ………… 151
　――の信託行為の定めによる制限
　　…………………………… 152-
　――の制限 …………………… 149
　――の性質上の制限 ………… 149-
　――の対抗要件 ……………… 148
受益債権 ………… 131, 138, 146, 153
　――の時効による消滅の効果
　　…………………………… 170
　――の譲渡 …………………… 153-
　――の譲渡性 ………………… 153
　――の消滅時効期間 ………… 166
　――の消滅時効の援用 …… 166, 168
　――の全部譲渡 ……………… 153-
　――の全部譲渡後の受益権の譲渡
　　…………………………… 155
受益債権以外の権利の譲渡 …… 155
受益者 ……………………… 136-

――による契約取消し ………… 108
――による受益権の当然取得 … 139
――による取消し ……… 76, 81, 114
――の権利行使の自由 …… 150, 152
残余財産―― ………… 122, 124-, 187
収益―― ……………………… 129
生涯―― ………………… 122, 125
複数―― ……………………… 118-
連続―― ……………………… 126
受益者指定権 ………………… 140-
受益者の意思 ………………… 36
　――の尊重 ………………… 146
受益者の定めがある信託 … 26-, 38, 67, 70, 136
受益者の定めのない信託　→　目的信託
受益者変更権 ………… 139-, 186, 191
受益者連続型信託 …… 117-, 122, 125, 134
受託者 ……………………… 42
　――による第三者委託 … 85, 95, 116
　――の義務 …………………… 43
　――の義務違反 ……… 110, 115-
　――の行為の基準 … 25, 28, 31, 34
　――の裁量 ……… 124, 151, 172
　――の事務処理権限 ………… 101
　――の（第三者）委託権限 … 94-, 97-, 101, 107, 115
受託者の権限 …… 31, 43, 55, 61, 63, 66, 71, 101
　　――違反 ……… 67, 74, 79, 161
　　――の制限 ………………… 64
　　――の範囲 ………… 32, 65-, 81
　　――の濫用 …… 70-, 74, 76-, 79, 81
商事信託 ……………………… 159
消滅時効 ……………………… 157
除斥期間 …………… 157, 164-, 169
信託監督人 …………………… 210

216

事項索引

信託管理人 ………… 166, 201, 203, 206
信託業法の適用 ………………… 13, 16
信託契約 …………………………… 7
　――の成立 …………… 9, 12, 16
　――の成立要件 ………… 7, 10, 21
信託行為の解釈 …………………… 66
信託行為の定め ………… 118-, 124, 142
信託行為の当事者 ………………… 94
信託財産 …………………………… 45
　――の独立性 …… 2, 7, 26, 136-, 142, 206
信託財産責任負担債務 …… 51-, 57, 59, 108, 131, 143
信託財産に効果が帰属した契約の取消し …………………………… 48
信託財産に属する財産
　――の管理または処分 ………… 63
　――の保存または改良 …… 60, 107
信託財産のため …………………… 46
信託財産のためにする意思 …… 46, 51-, 57-, 74, 104, 107-
　――の誤信 …………………… 53
信託財産の変動 ………… 46, 57, 101
　第三者の行為による―― ……… 104
信託事務 …………………… 84, 143
　――の円滑な処理 ……………… 165
信託事務処理の費用 ……………… 110
信託の運営の歪み …………… 137, 154
信託の柔軟性 ……………………… 174
信託の終了 ………………………… 37-
信託の終了権限 …………… 186, 191
信託の制度趣旨 …………………… 55
信託の成立 …………………… 3, 20, 25
信託の成立要件 …………………… 26
信託の登記 ………………………… 50
信託の変更 ………………… 33, 129
　裁判による―― ………………… 34
信託の方法 ………………………… 7

信託の本質 ……………… 2, 43, 136, 206
信託の目的 …… 2-, 6, 10, 23-, 28-, 33, 36-, 63-, 66, 70, 85, 119, 124, 126, 136-, 150, 175, 203, 206, 209
　――の解釈 …………………… 32
　――の達成不能 ……………… 37-
　――の変更 …………………… 35
信託の目的の達成 ……………… 37-
　――のために必要な行為 …… 30, 64, 67
信　任 ……………………… 85, 89-
善管注意義務 …………… 119-, 123
善管注意義務違反 ……………… 154
相続放棄 ………………………… 186
損失てん補 ……………… 131-, 154

た 行

第三者委託 …………………… 30, 32, 87
代　理 …………………………… 105
代理権の範囲 …………………… 66
代理権の濫用 …… 69-, 72-, 75, 77-, 80
代理人の復任権 ………………… 89
他益信託 ………………………… 183
忠実義務 ………………… 119, 167
忠実義務違反 …………………… 72
転得者の保護 …………………… 159
動　機 …………………………… 150
特別障害者扶養信託 …………… 151

な 行

二重弁済の危険 ………………… 168
任意代理人の復任権 …………… 89-

は 行

不当利得 ………………… 108, 110, 133
分別管理 …………………… 11, 21
ペット信託 ……………… 198, 210
弁済による代位 ………………… 133

事項索引

法人の目的 …………………… 65
　——の範囲 ………………… 65
法人理事の代理行為の委任権限 …… 89, 93
法定代理人の復任権 ………… 89-
本人の意思の尊重 ………… 92, 97
本人の許諾 ………………… 91

ま 行

民事信託 …………… 117, 159, 162
民法94条2項の類推適用 …… 73, 76
無償処分 ………… 183, 185, 190, 194
明示信託 …………………… 10
黙示信託 ………………… 12, 16
　——の成立 ………… 14, 18-, 21
目的拘束の合意 …… 10, 12, 14, 18-, 21
目的信託 ……… 28, 39, 136, 196-, 202, 204-, 208-, 212
　——に対する需要 ………… 198
　——の委託者の権利 ……… 201
　——の終了 ………………… 201
　——の受託者資格 …… 196, 201, 211, 213
　——の存続期間 …… 196, 201-, 207-
　——の理論的正当化 ……… 199
資産流動化のための—— … 198, 210
目的設定の合意 ………… 10, 12

や 行

やむを得ない事由 …… 89, 92, 99-
ユニトラスト ……………… 129
　——への変更 ………… 128, 130

ら 行

利益享受の強制 ………… 144, 146
利益相反行為 …………… 30, 32
霊園信託 ……………… 198, 210
連帯債務 ………………… 134

〔著者紹介〕

佐久間　毅（さくま・たけし）

- 1963 年　大阪府に生まれる
- 1986 年　京都大学法学部卒業
- 1988 年　京都大学大学院法学研究科修士課程（民刑事法専攻）修了
- 1989 年　京都大学大学院法学研究科博士後期課程（民刑事法専攻）中途退学
- 2002 年　京都大学博士（法学）
- 現　在　同志社大学大学院司法研究科教授、京都大学名誉教授

〈主要著書〉

『代理取引の保護法理』（有斐閣、2001 年）
『民法の基礎 1　総則〔第 4 版〕』（有斐閣、2018 年）
『民法の基礎 2　物権』（有斐閣、2006 年）

信託法をひもとく

2019 年 1 月 30 日　初版第 1 刷発行

著　者　佐久間　毅

発行者　小宮慶太

発行所　株式会社 商事法務
　　　　〒103-0025 東京都中央区日本橋茅場町 3-9-10
　　　　TEL 03-5614-5643・FAX 03-3664-8844〔営業部〕
　　　　TEL 03-5614-5649〔書籍出版部〕
　　　　http://www.shojihomu.co.jp/

落丁・乱丁本はお取り替えいたします。
印刷／広研印刷㈱
© 2019 Takeshi Sakuma　Printed in Japan
Shojihomu Co., Ltd.
ISBN978-4-7857-2693-5
＊定価はカバーに表示してあります。

JCOPY＜出版者著作権管理機構　委託出版物＞
本書の無断複製は著作権法上での例外を除き禁じられています。
複製される場合は、そのつど事前に、出版者著作権管理機構
（電話 03-5244-5088、FAX 03-5244-5089、e-mail: info@jcopy.or.jp）
の許諾を得てください。